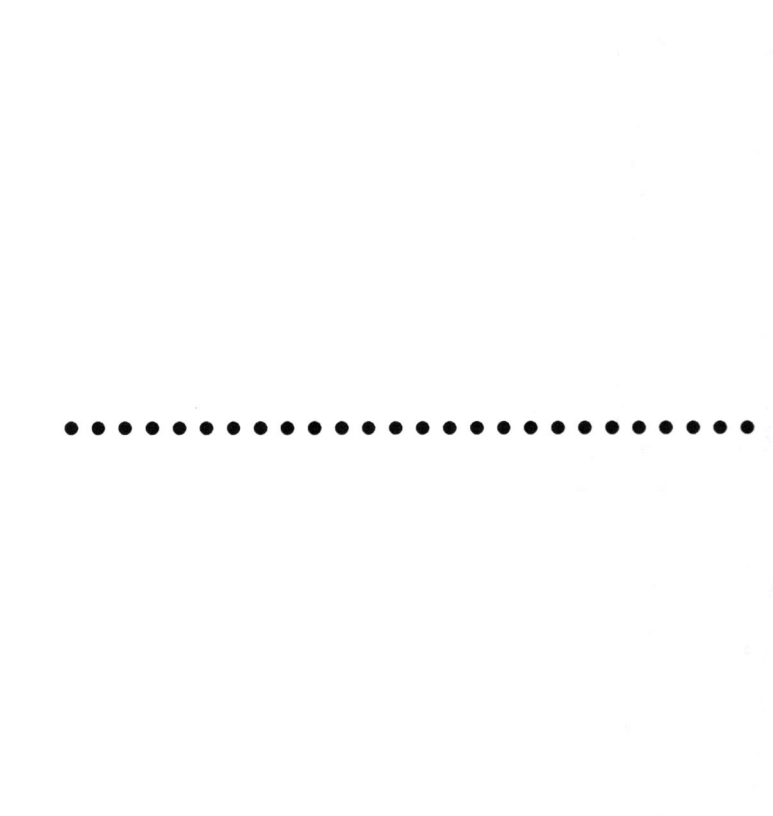

IMPACTO 2.0 – NUEVOS MECANISMOS PARA VINCULAR INVESTIGACIÓN ACADÉMICA Y POLÍTICAS PÚBLICAS

•••••••••••••••••••••••••••

Editores:
Bruce Girard
Estela Acosta y Lara

● ●

Impacto 2.0 – Nuevos mecanismos
para vincular investigación académica y políticas públicas

Editores: Bruce Girard y Estela Acosta y Lara

Publicado en 2012 por Fundación Comunica – Pablo de María 1036 –
Montevideo, Uruguay <www.comunica.org>

Diseño gráfico: Rodolfo Fuentes/NAO

ISBN 978-1479 1318 5 3

IMPACTO 2.0 – NUEVOS MECANISMOS PARA VINCULAR INVESTIGACIÓN ACADÉMICA Y POLÍTICAS PÚBLICAS

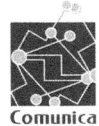

ASOCIACIÓN PARA EL PROGRESO DE LAS COMUNICACIONES

IDRC | CRDI   Canadä

La investigación que se presenta en este informe fue realizada entre 2010 y 2011, financiada por el Centro Internacional de Investigaciones para el Desarrollo (IDRC, Canadá) y coordinada por Fundación Comunica con el apoyo de la Asociación para el Progreso de las Comunicaciones (APC).

ÍNDICE

Introducción: nuevos mecanismos para vincular

investigación académica y políticas públicas / *Bruce Girard* 1

Campañas desde la academia

1. Introducción 23

2. Internet, investigación e influencia:

las estrategias de Educación 2020 / *Eduardo Araya y Diego Barría* 29

3. Web 2.0 Para incidir en el sector de las TIC en el Perú / *Jorge Bossio* 67

Consultas públicas en línea

4. Introducción 91

5. Políticas públicas, investigación y consultas públicas en línea

Eduardo Alonso, Federico Beltramelli y Fabro Steibel 95

Exploraciones

6. Introducción 137

7. Comunicar, colaborar y cultivar la confianza mutua:

cuatro experiencias / *Estela Acosta y Lara* 139

8. La *iGuía* de Impacto 2.0 / *Karel Novotný* 149

9. Uso de servicios de red social en la administración

pública de América Latina / *Raquel Escobar* 161

IMPACTO 2.0:
NUEVOS MECANISMOS
PARA VINCULAR
INVESTIGACIÓN
Y POLÍTICAS PÚBLICAS

Bruce Girard

¿QUÉ ES IMPACTO 2.0?

Impacto 2.0: Nuevos mecanismos para vincular investigación y políticas públicas apoyó un conjunto de pequeños[1] proyectos de investigación que examinaron el uso de servicios de redes sociales en línea para vincular investigación y políticas públicas en América Latina. Se apoyaron doce proyectos, la mayoría de ellos seleccionados a partir de noventa y siete propuestas recibidas a partir de una convocatoria realizada en mayo de 2010. Dos tipos de proyecto recibieron apoyos: (i) proyectos de investigación-acción, que incluían la implementación y la evaluación de algún uso específico de uno o más servicios de redes sociales en línea para conectar investigación y políticas públicas, o vincular a los investigadores y los encargados de esas políticas, y (ii) proyectos más convencionales, que evaluaron iniciativas existentes, implementadas por terceros.

---

1 Se asignaron presupuestos entre USD 6.000 y un máximo de USD 20.000.

Un jurado compuesto por cinco miembros[2] evaluó las propuestas, y sus miembros aconsejaron y apoyaron a los investigadores en varias oportunidades durante el desarrollo del proyecto, pero no se impuso a los investigadores ningún enfoque teórico ni marco de investigación. Se aceptaron propuestas de diversas perspectivas disciplinarias en tanto enfocaran, a través de un proceso de investigación formal, el impacto de la web 2.0 y los servicios de redes sociales en los vínculos entre investigación y políticas públicas, con el objetivo general de documentar el diseño, la implementación y el impacto de las acciones emprendidas para conectar la creación de conocimiento y la definición de políticas.

El llamado a propuestas Impacto 2.0 se basó en cuatro supuestos:

1. Los procesos de las políticas públicas son complejos e involucran diversos actores interesados, restricciones, intereses y oportunidades.

2. La investigación puede realizar valiosos aportes para mejorar las políticas públicas.

3. La comunicación desempeña un papel clave en la relación entre investigación y políticas públicas, respecto a cómo se comunican los resultados de la investigación (por ejemplo, informes académicos o resúmenes ejecutivos), a quién se los comunica (por ejemplo, directamente a los decisores, a otros grupos de interés o redes temáticas, o a los medios de comunicación tradicionales y el público en general) y a cómo se manejan las relaciones entre los diversos actores y grupos de interés.

4. La extendida acción de internet está modificando la manera en que se comunican entre sí los investigadores y los hacedores de políticas y, de modo más específico, los servicios de redes sociales en línea ofrecen un campo fértil para la experimentación y la evaluación de iniciativas.

---

2 Los miembros del jurado fueron Valeria Betancourt (APC), Clio Bugel y Bruce Grard (Fundación Comunica), Ana Laura Rivoir (Universidad de la República, Uruguay) y César Herrera (CIESPAL).

POLÍTICAS PÚBLICAS, COMUNICACIÓN DE LA INVESTIGACIÓN E INTERNET

El desarrollo de las políticas públicas es un proceso complejo, y son varias las razones por las cuales incluso las mejores propuestas, respaldadas por investigaciones sólidas, no llegan a ser escuchadas o puestas en práctica. Quienes toman las decisiones están acorralados por demandas incompatibles, a menudo basadas en pruebas contradictorias, lo que hace difícil que la investigación independiente llegue siquiera a ser tenida en cuenta. La falta de transparencia y de voluntad política, la inercia burocrática, los bajos niveles de comprensión y de interés en asuntos de políticas, junto a los contra-argumentos promovidos por intereses que tienen en mente sus propias agendas, complican aún más el panorama. Otras complicaciones surgen cuando los investigadores y los hacedores de políticas no comparten una agenda común, dando lugar a soluciones, cuidadosamente estudiadas, a problemas que los decisores no están tratando de enfrentar.

Si bien hay un amplio acuerdo en reconocer la importancia de la investigación independiente, de interés público, para apoyar el desarrollo de las políticas públicas, aun cuando la investigación sea sólida y esté orientada a auxiliar en la solución de problemas reconocidos por los encargados de las políticas, los grupos de presión y los otros grupos de interesados, y aun cuando las instituciones a cargo de las elaboración de políticas sean trasparentes y cuenten con los recursos adecuados, la investigación enfrenta importantes desafíos para que se la incluya efectivamente en los debates políticos.

En su libro *Saber y Política en América Latina* (2007) Mercedes Botto distingue dos paradigmas que intentan explicar cómo influyen en la elaboración de políticas públicas los resultados de la investigación académica en América Latina. El primero concibe un enfoque racionalista y lineal, donde los investigadores tienen la tarea claramente definida de producir conocimiento y proponer soluciones a partir de pruebas empíricas, mientras que los encargados de las políticas están a cargo de implementar esas soluciones. En este paradigma, si se dispone de los datos precisos, si el análisis es riguroso, el momento adecuado y las conclusiones son claras y no chocan con otros intereses políticos, entonces surgirán las políticas correctas. Sin embargo, esta concepción simple y atractiva de la relación no pudo explicar por qué "despreciar los resultados de la investigación era un entretenimiento extendido en los ruedos donde ocurre la acción", como agudamente observó Weiss (2009).

El segundo paradigma presentado por Botto es más complejo: reconoce la importancia de los papeles desempeñados por otros actores y factores externos, y "que no existe 'una' sino 'múltiples' arenas de decisión que se yuxtaponen y se autorregulan a través de un proceso de ajuste mutuo. En este proceso decisorio participan distintos actores dotados de información parcial y de saberes diversos". A la luz de estos paradigmas, la investigación orientada a políticas públicas es uno entre varios insumos, y su impacto depende de si sus conclusiones y propuestas compiten mejor o peor con otras, y de cómo llega a los diversos actores. En esta visión más realista de la relación entre investigación y políticas, la comunicación tiene un papel a la vez crucial y complejo. Comunicarse con los hacedores de políticas sigue siendo importante, pero no es suficiente. Los investigadores también tienen que combatir las propuestas de sus contrarios, hacer llegar sus mensajes a una multiplicidad de actores en otros tantos campos de batalla y en ámbitos que se superponen.

Iniciativas recientes que buscan comprender mejor a la vez que fortalecer las relaciones entre investigación y políticas han puesto énfasis en el papel clave que desempeña la comunicación en ese ámbito. El programa Investigación y Políticas en el Desarrollo (*Research and Policy in Development Programme* - RAPID) del *Overseas Development Institute* (ODI), por ejemplo, enumera a la comunicación entre sus intereses centrales para la investigación y la capacitación, junto con el papel de la evidencia en los procesos de las políticas, el desarrollo institucional y la gestión del conocimiento[3]. Igualmente, el proyecto de IDRC *Iniciativa think tank*[4], ofrece apoyos en tres áreas: comunicación, metodologías y capacidades para la investigación, desarrollo organizacional.

Varios factores están detrás de este nuevo énfasis en la comunicación, entre otros: (i) el reconocimiento de que la investigación para el desarrollo es de escaso valor si se queda en las estanterías, (ii) la necesidad de demostrar el impacto de la investigación, (iii) la búsqueda de más sustento en la evidencia para las políticas y las prácticas (iv) una mayor competencia entre los actores de la investigación y, (v) clave para los estudios que se presentan en este informe, los muchos cambios que acompañan el extendido papel de internet en la investigación, la comunicación de la investigación y la formulación de políticas (Barnard et al. 2007).

En efecto, internet está produciendo cambios en las maneras en las que se comunican investigadores y políticos. Un estudio del Banco Mundial del 2000 evaluó el uso que los hacedores de políticas daban a internet, y encontró que estaba entre las fuentes de información menos relevantes[5]. Doce años después es difícil imaginar a un político que no valore la internet como una fuente fundamental de información. Los avances de las TIC y sus usos por parte de los gobiernos, los investigadores, la sociedad civil y los medios de comunicación están cambiando las reglas que gobiernan las relaciones entre investigación y políticas. Por ejemplo:

- el desarrollo del gobierno y la participación electrónicos puede dar lugar a una mayor transparencia y una mejor rendición de cuentas de los hacedores de políticas y de los

3 www.odi.org.uk/RAPID/

4 www.idrc.ca/EN/Programs/Social_and_Economic_Policy/Think_Tank_Initiative

5 MacDonald, Lawrence. 2000 'Research Dissemination and Electronic Communication', Washington D.C.: DECVP - World Bank.

procesos, y propiciar una comunicación más fluida entre quienes elaboran las políticas, los investigadores y las organizaciones de la sociedad civil;

- la miríada de herramientas y aplicaciones para la sociabilidad que están surgiendo brindan nuevas maneras de construir y coordinar redes, alianzas y foros, y de gestionar la relación con los grupos de interés[6];

- las campañas en línea emergen como un poderoso instrumento para la promoción y la defensoría;

- la prensa y los otros medios de comunicación tradicionales usan de modo creciente las aplicaciones de internet, y abren de ese modo nuevas vías para la comunicación entre investigación y propuestas para las políticas públicas, a la vez que propician debates más inclusivos.

Los estudios que se presentan en este informe enfocan en particular los servicios de redes sociales en línea entendidos como "actividades, prácticas y comportamientos de comunidades de personas que se reúnen en línea para compartir información, conocimientos y opiniones a través del empleo de medios conversacionales [...] y aplicaciones web que hacen posible la creación de contenidos y simplifican su transmisión bajo la forma de textos, imágenes, videos y audios"[7].

---

6 Existe incluso una red global especializada para científicos e investigadores: *ResearchGate*, "la red profesional para científicos e investigadores", reúne 1 millón 700 mil investigadores en un entorno en línea similar a Facebook.

7 Lon Safko y David Brake, "The Social Media Bible -The Business Executive's Guide to Social Media", 2009. p. 7.

CONTEXTO, EVIDENCIA Y VÍNCULOS

Como ya se señaló, los proyectos individuales cobijados por Impacto 2.0 respondieron a múltiples disciplinas, y no se les impuso ningún marco teórico específico. No obstante, las cuatro presunciones mencionadas más arriba formaban parte del llamado a propuestas, a la vez que el proyecto general se orientó según el marco contexto, evidencia y vínculos del programa RAPID de ODI, diseñado para auxiliar a los *think tanks* y otros centros de investigación a influir en las políticas para el desarrollo[8]. En lugar de concebir el vínculo entre investigación y política como un proceso lineal por el cual las conclusiones de la investigación simplemente se dirigen (o no) al ámbito político, ese marco fomenta el análisis del contexto político (instituciones, relaciones de poder y otros factores contextuales que afectan la manera en la que se elaboran las políticas), las pruebas que produce la investigación académica y los vínculos clave que pueden establecerse con organizaciones, redes e intermediarios con interés en el sector (hacedores de políticas, grupos de defensa, los medios de comunicación).

Para este marco el contexto político es la dimensión relativa a cómo se toman las decisiones y a quiénes las toman. En algunos casos estos elementos se vislumbran con facilidad, por estar manejados por instituciones fuertes caracterizadas por la transparencia. En otros casos la situación es más opaca y es difícil identificar quién toma las decisiones y en qué intereses o pruebas académicas están basadas las políticas. Las instituciones formales son un aspecto del contexto, pero también lo son los intereses y la influencia de otros actores interesados, cuestiones electorales, la corrupción y muchos otros factores.

La evidencia refiere al conocimiento producido por la investigación académica en universidades, think tanks, divisiones

---

8 Para ampliar la información, ver el artículo de ODI "Bridging Research and Policy in International Development" www.odi.org.uk/RAPID/Publications/Documents/rapid_bp1_web.pdf

de gobierno, ONG o firmas consultoras. Comprende las pruebas que los investigadores buscan encontrar, las que ya han obtenido, la evidencia en la que se basa la política actual y la que sustenta a los contra-argumentos. Esta dimensión también engloba la credibilidad y la legitimidad de las organizaciones que llevan adelante la investigación, la manera en la que ésta es presentada y si proporciona soluciones o no a los problemas considerados.

Finalmente, dado que las políticas de gobierno afectan múltiples intereses de una sociedad, son muchos los diversos grupos que pueden estar interesados en influir en los procesos de toma de decisiones, por otros tantos motivos y a través de múltiples actividades. Conocer quiénes son esos actores, desarrollar relaciones con ellos y construir redes y alianzas para perseguir objetivos comunes son actividades que caen en la órbita de los vínculos.

La Tabla 1 muestra cómo puede aplicarse el marco contexto, evidencia y vínculos, yendo desde una serie de preguntas relativamente sencillas en la primera columna hacia la identificación de objetivos, para finalmente llegar a las tácticas para alcanzarlos.

Se alentó a los investigadores a que tuvieran en cuenta este marco y a que realizaran experimentos y analizaran el uso de internet en general, y de los servicios de redes sociales en particular, en las diversas etapas del ejercicio. Por ejemplo, el sitio web institucional de un ministerio es un buen punto de partida para emprender el análisis del contexto político, para saber quiénes son las autoridades y cuáles son sus prioridades, aunque es cada vez más común que los ministros y otros jerarcas públicos usen servicios como Twitter y Facebook. La información cosechada de estas fuentes puede ser actualizada con mayor frecuencia, y su naturaleza menos formal puede ayudar a completar el perfil institucional del sitio oficial.

Para un buen funcionamiento del marco contexto, evidencia y vínculos es clave establecer continuidad en las relaciones con los principales actores interesados, como los hacedores de po-

Tabla 1 – Contexto, evidencia, vínculos – Cómo influir en las políticas y en las prácticas

	¿Qué necesitan saber los investigadores?	¿Qué necesitan hacer los investigadores?	Cómo hacerlo
Contexto político:	• ¿Quiénes diseñan las políticas? • ¿Hay demandas de nuevas ideas? • ¿Cuáles son las fuentes de resistencia? • ¿Cuál es el proceso de formulación de políticas? • ¿Cuáles son las oportunidades y momentos adecuados para aportar a los procesos formales?	• Conocer bien a quienes diseñan las políticas, sus agendas y sus limitaciones. • Identificar a los potenciales aliados y oponentes. • Mantenerse atento y preparado para las oportunidades en los procesos políticos regulares. • Estar alerta y reaccionar ante las oportunidades de intervenir en las políticas.	• Trabaje con los diseñadores de políticas. • Procure que se le asignen misiones o consultorías. • Procure coordinar los programas de investigación con eventos de políticas destacados. • Reserve recursos para poder moverse rápidamente en respuesta a oportunidades inesperadas.
Evidencia:	• ¿Cuál es la teoría actual? • ¿Cuáles son los relatos predominantes? • ¿En qué medida es divergente la nueva evidencia? • ¿Que tipo de evidencia convencerá a los diseñadores de políticas?	• Establecer credibilidad a largo plazo. • Ofrecer soluciones prácticas a los problemas. • Establecer legitimidad. • Construir argumentos convincentes y presentar opciones políticas claras. • Envolver las ideas nuevas en teorías o narrativas familiares.	• Elabore programas de investigación de calidad. • Elabore proyectos pilotos para demostrar los beneficios de los nuevos enfoques. • Los abordajes participativos ayudan a la legitimidad y la implementación. • Defina una estrategia clara de comunicación desde el inicio. • Procure la comunicación cara a cara.
Vínculos:	• ¿Quiénes son las partes interesadas claves? • ¿Qué vínculos y redes existen entre ellos? • ¿Quiénes son los intermediarios, y qué influencia tienen? • ¿De qué lado están?	• Conocer bien a las otras partes interesadas. • Establecer presencia en las redes existentes. • Cultivar alianzas con actores afines. • Establecer nuevas redes políticas.	• Asociaciones entre investigadores, responsables de las políticas y usuarios finales de las políticas. • Identifique personas sociables y "vendedores". • Use contactos informales.

Fuente: Bridging Research and Policy in International Development, ODI, 2004.

líticas, los investigadores, los grupos civiles de defensoría y los actores del sector privado. Estas relaciones, tanto sean formales como informales, facilitan la inserción de resultados de la investigación en el proceso de las políticas, así como permiten que los investigadores verifiquen la relevancia y la oportunidad de sus agendas de investigación, y que puedan participar plenamente de las discusiones políticas en curso. Unos pocos proyectos de investigación presentados en este informe buscaron involucrar a los actores interesados en actividades colaborativas en línea, en torno a resultados específicos, como parte de una estrategia de apoyo y aliento de relaciones multisectoriales. Tanto el proyecto de CLAEH, que se propuso usar una aplicación wiki para involucrar, en la redacción de definiciones de conceptos clave de desarrollo social, a políticos, académicos y ONG, como el proyecto EVIPNet, que empleó una plataforma de redes sociales para apoyar la redacción colectiva de resúmenes ejecutivos, fueron iniciativas diseñadas con la idea de producir resultados concretos y de crear un espacio en línea donde los diversos actores pudieran trabajar en conjunto y crear relaciones de confianza mutua[9].

Los servicios de redes sociales en línea pueden ser fuentes de información útiles sobre los vínculos y las redes sociales del mundo real, para identificar aliados potenciales y construir coaliciones y lanzar campañas. La *iGuía de Impacto 2.0*[10], que se elaboró y publicó como *wiki* durante la etapa inicial de la investigación, contiene docenas de ideas sobre cómo usar las redes sociales y la web 2.0.

Si bien algunos proyectos emplearon servicios de redes sociales para emprender acciones correspondientes a las dos primeras columnas, la mayoría centró la atención en la dimensión táctica de las actividades de influencia, enfocadas a partir de tres modalidades de influencia en las políticas: (i) evidencia y consul-

---

9 Ver capítulo 7 de este informe.

10 Ver el artículo sobre la *iGuía* en el capítulo 8 de este informe, o consultar la *iGuía* en línea: iguias.comunica.org/ en español y iguides.comunica.org/ en inglés

toría, (ii) campañas públicas y defensoría y (iii) cabildeo y negociación (Jones 2011). La Tabla 2 muestra canales y actividades típicos de las actividades que normalmente se emprenden para ejercer influencia en las políticas.

Como se dijo, se alentó a los proyectos de Impacto 2.0 para que experimentaran o analizaran el uso de internet y los servicios de redes sociales en línea en actividades orientadas a influir en políticas públicas. Algunos de los casos analizados, por ejemplo Educación 2020 en Chile, lograron combinar estrategias en línea y fuera de línea de modo tal que sus campañas públicas en línea ayudaron a abrir las puertas de encuentros privados con

Tabla 2 – Tipología de actividades para ejercer influencia.

Tipo de influencia	¿Dónde? ¿A través de qué canales?	¿Cómo? ¿Por qué medios?
Evidencia y consultaría	• Debates y presentaciones nacionales e internacionales. • Reuniones formales e informales.	• Investigación y análisis, "buenas prácticas". • Argumentos basados en la evidencia. • Proporcionar apoyos de consultoría. • Desarrollar y conducir nuevos enfoques de políticas.
Campañas públicas y defensoría	• Debates políticos y públicos en países en desarrollo. • Reuniones públicas, discursos, presentaciones. • Televisión, periódicos y otros medios.	• Comunicaciones y campañas públicas. • "Educación del público". • Mensajería. • Promoción y defensa.
Cabildeo y negociación	Reuniones formales.	• Reuniones presenciales y conversaciones cara a cara. • Relaciones y confianza. • Incentivos directos y diplomacia.

Fuente: Jones 2011

11

los elaboradores de políticas públicas, agregaron un peso mayor a su presencia en reuniones formales, y centraron la atención en los resultados de la investigación formal.

CAMPAÑAS, CONSULTAS Y COMUNICACIÓN DIRECTA

Si bien los experimentos y evaluaciones llevados a cabo bajo la hégida de Impacto 2.0 mostraron una enorme diversidad en términos de las herramientas en línea que emplearon, sus enfoques metodológicos, sus estrategias de comunicación, etc., se constatan ciertos patrones y, en general, los diversos proyectos pueden ser considerados a partir de la adopción de tres diferentes enfoques del uso de las redes sociales en línea para conectar la investigación y las políticas:

1. Proyectos en los que los investigadores emplearon campañas en línea para que las conclusiones de sus investigaciones fueran más visibles para un público amplio, por lo general con la expectativa de que el apoyo público y la visibilidad aumentara la legitimidad y el sostén que sus propuestas pudieran tener ante los hacedores de políticas.

2. Proyectos en los que los investigadores procuraron apoyar procesos de consulta pública en línea, colaborando con entidades de gobierno.

3. Proyectos que exploraron el uso de servicios web 2.0 y de redes sociales para abrir canales de comunicación directa entre investigadores, hacedores de políticas y otros actores interesados, con el fin de transmitir la investigación que realizan y colaborar en actividades específicas, junto al objetivo más o menos explícito de mejorar el conocimiento interpersonal y afianzar relaciones de confianza mutua.

En los proyectos de Impacto 2.0, los usos de web 2.0 y servicios de redes sociales que tuvieron más éxito para conectar investigación y políticas fueron aquellos que implicaron al público en campañas y consultas. Menos exitosos fueron aquellos proyectos que se centraron en las relaciones directas entre investigadores, encargados de elaborar las políticas y otros actores interesados.

Este informe está dividido en tres secciones: (I) campañas conducidas por investigadores, (II) consultas públicas en línea y (III) exploraciones.

Campañas conducidas por investigadores

Las campañas a través de medios de comunicación sociales abundan en el siglo xxi. Los políticos destinan importantes recursos a campañas en línea, que a su vez pueden generar importantes ingresos[11], mientras que publicistas y activistas confían que sus videos se vuelvan "virales" merced a la veloz diseminación de enlaces y comentarios a través de las redes sociales que pueden ampliar su exposición, llegado el caso, a decenas de millones de personas. Algunos van tan lejos como para atribuir a las campañas en redes sociales el derrocamiento de gobiernos, por ejemplo durante los levantamientos de la llamada "primavera árabe" en Túnez y Egipto[12].

Los investigadores y los *think tanks* también están haciendo pruebas con campañas a través de medios sociales, si bien de manera menos masiva y espectacular que los ejemplos mencionados, como parte de sus intentos de garantizar que las conclusiones de sus trabajos sean integradas a las discusiones públicas sobre opciones políticas.

---

11 La campaña presidencial de Barack Obama en Estados Unidos en 2008 recaudó en línea, en 21 meses, 500.000 dólares. Fuente: voices.washingtonpost.com/44/2008/11/obama-raised-half-a-billion-on.html

12 Otros son más escépticos. Evgeny Morozov (2011), por ejemplo, sostiene que atribuir la primavera árabe a Facebook y Twitter es más un producto del "arrobado fervor digital" de occidente que del "ciberactivismo" árabe.

La sección examina dos casos de campañas para ejercer influencia en políticas públicas, conducidas por investigadores de América Latina: Educación 2020, una campaña para introducir determinadas reformas en el sistema de educación pública chileno, y el trabajo realizado por el laboratorio nacional de Impacto 2.0 en Perú, que empleó diversos instrumentos y estrategias en línea para introducir de manera eficaz los resultados de ciertas investigaciones en el debate sobre la política nacional de banda ancha.

Educación 2020

El primer caso, *Internet, investigación e influencia: las estrategias de Educación 2020* cuenta la historia de una campaña iniciada por un influyente académico y un reducido grupo de estudiantes que aprovecharon la capacidad de la web 2.0 para amplificar sus voces, generar un movimiento con decenas de miles de adherentes y abrir las puertas de los niveles más altos de la elaboración de políticas. Los autores describen a Educación 2020 como una especie de organización híbrida que combinó estrategias en línea y fuera de línea características de los *think tanks*, los movimientos sociales, las fundaciones y los grupos de presión para lograr un alto nivel de impacto en múltiples ámbitos, como los medios de comunicación, foros públicos, plataformas en línea, y en encuentros privados con hacedores de políticas al más alto nivel, como miembros del gabinete y hasta el presidente.

No hay una única clave del éxito de Educación 2020, pero algunos de los factores que contribuyeron a él son:

- Fue capaz de afianzar el considerable capital político de su fundador, líder y principal portavoz, un académico que contaba con credenciales y contactos ya establecidos.

- Sus mensajes en línea eran simples, y Educación 2020 expresaba con claridad qué debían hacer los ciudadanos interesados para apoyar la iniciativa.

- Sus demandas se adaptaban al contexto político, y estaban

formuladas de tal forma que resultaban atrayentes tanto para los encargados de las políticas como para el público en general.

• La campaña a través de las redes sociales no era un fin en sí misma sino que aportaba a una estrategia general combinada con el cabildeo más tradicional. Educación 2020 nunca hubiera podido reunir a sus 80.000 seguidores en línea en una manifestación masiva, pero fue capaz de usarlos para respaldar sus intentos de que el público y la prensa lo concibieran como un movimiento social legítimo y valioso en tanto enfrentaba al poderoso sindicato de profesores y el movimiento estudiantil.

Como concluyen los autores del estudio, los movimientos sociales (o los *think tanks*) "no pueden esperar insertarse en los espacios de discusión de políticas públicas solamente gracias a utilizar internet de forma extensa y asegurar ahí altos niveles de apoyo. Al contrario [...] el tipo de demandas y su relación con los discursos dominantes, la capacidad de articular propuestas reconocidas como un aporte técnico a la discusión y la existencia de redes políticas siguen siendo factores críticos de éxito"[13].

Un laboratorio nacional 2.0 en el Perú

El segundo caso corresponde al laboratorio nacional de Impacto 2.0 en el Perú. Instalado como parte del proyecto Impacto 2.0, el laboratorio fue provisto de recursos mínimos, y se le encomendó la tarea amplia de emplear herramientas de sociabilidad en línea para vincular la investigación y las políticas sobre TIC. A diferencia del artículo sobre Educación 2020, que presenta el resultado de una revisión externa a la iniciativa, el capítulo peruano fue redactado por el director del proyecto y describe la experiencia desde adentro.

---

13 Ver en este volumen p. 64

Después de analizar el contexto político, el laboratorio seleccionó un tema y las investigaciones existentes que pudieran ser un aporte para las discusiones, identificó los principales grupos de interés y desarrolló una estrategia de comunicación que combinaba el uso de redes sociales en línea con instrumentos más tradicionales, como la realización de seminarios y la redacción de resúmenes ejecutivos.

La estrategia adoptada constó de tres etapas: (i) generar interés en el tema demostrando su importancia; (ii) hacer un aporte para la comprensión de los temas y las opciones a través de un documento (resumen ejecutivo) y reuniones con los grupos de interés, y (iii) crear oportunidades de participación en línea y fuera de ésta.

Ese estudio de caso concluye, entre otras cosas, que si bien los instrumentos como Twitter y Facebook funcionan cuando el mensaje es preciso y de interés generalizado, y cuando el objetivo es registrar adhesiones (como en el caso de Educación 2020), no resultan de tanta utilidad cuando aspiran a reunir a los diversos grupos de interés para mantener conversaciones más sustantivas o para compartir conocimientos sobre asuntos más complejos. Las reuniones cara a cara se suponen mejores para estos fines, pero un experimento con televisión por internet consiguió captar la atención de los actores clave, y logró que participaran en debates públicos y abiertos. Sea que la televisión por internet ofrece nuevas posibilidades, o que su éxito se debiera a la atracción por la novedad, es una pregunta que permanece abierta.

Consultas públicas en línea

Las consultas públicas en línea requieren apertura. Los gobiernos y las burocracias deben estar abiertos a consultar a los ciudadanos acerca de temas de interés público, de otro modo las consultas públicas, sean en línea o a través de otros medios, no tendrán éxito. Además, en el caso de las consultas en línea deben estar dispuestos a emplear instrumentos que no les son familiares y, más importante, deben estar dispuestos a integrarse en prácticas desconocidas cuya fortaleza reside en su transparencia y accesibilidad. Estos desafíos pueden significar cambios en las culturas institucionales de las entidades de gobierno, a las que les resulta más cómodo anunciar decisiones que solicitar opiniones.

Las instituciones de gobierno importan, y mucho. Junto con la apertura a la idea de convocarlas, las consultas públicas exitosas requieren que las instituciones de gobierno que las patrocinan den su apoyo explícito. Los actores interesados y los ciudadanos se involucrarán en el proceso sólo si creen que las instituciones patrocinantes los toman en serio y van a escucharlos.

Los investigadores y los *think tanks* pueden desempeñar diversos papeles en las consultas en línea. Entre otros, en los casos aquí analizados se cuentan: diseñar las consultas, decidir qué tecnologías incorporar, moderar, proporcionar un contexto y presentar los temas y las opciones, y propiciar el contacto con iniciativas de la sociedad civil.

Al igual que en toda consulta pública, el tema en discusión importa. Si las personas piensan que sus intereses están en juego es más probable que quieran participar. Sin embargo, las consultas en línea traen consigo un sesgo propio, y parte del éxito de la consulta brasileña puede ser atribuido parcialmente al hecho de que su tema, la gobernanza de internet, era considerado importante por los "ciberactivistas", una comunidad particularmente calificada y acostumbrada a la deliberación en línea.

Exploraciones

Si bien las campañas y las consultas públicas en línea fueron las áreas en las que nuestra investigación obtuvo resultados más completos, los muchos pequeños proyectos efectuados bajo la hégida de Impacto 2.0 analizaron también otras áreas, prepararon materiales auxiliares para experiencias futuras, aprendieron lecciones y, en algunos casos, simplemente tropezaron con tendencias y usos emergentes e inesperados de los servicios de redes sociales para conectar investigación y políticas públicas.

Por ejemplo, algunos proyectos trataron de congregar investigadores, hacedores de políticas y otros interesados en espacios en línea con el objetivo más o menos explícito de hacer que se conocieran mejor y se creara confianza mutua. Otros examinaron si los diversos grupos de interés están dispuestos a utilizar las herramientas y aplicaciones, y trataron de identificar los obstáculos que presenta su uso en términos de acceso, capacitación, interés y políticas. Otro resultado del proyecto es la *iGuía de Impacto 2.0*, un manual basado en una *wiki* diseñado para auxiliar a los investigadores en el empleo de instrumentos para la sociabilidad en línea (i) para entender mejor el contexto político; (ii) para desarrollar y cultivar relaciones con hacedores de políticas y otros actores interesados.

La sección Exploraciones de este informe reúne estas experiencias preliminares en forma de pequeños estudios de caso, informes de investigación y artículos que señalan áreas para la investigación futura.

Asimismo, incluye un capítulo corto sobre la *iGuía de Impacto 2.0* y el informe de una investigación coordinada por el Centro Internacional de Estudios Superiores en Comunicación para América Latina (CIESPAL) sobre el uso de servicios de redes sociales en la administración pública de cinco países de la región.

* * *

El informe de OCDE de 2001 "Los ciudadanos como socios" señalaba que el involucramiento ciudadano con la hechura de políticas tenía tres dimensiones: Información, consulta y participación activa1. Un informe posterior, también de OCDE, sobre democracia electrónica, observaba cómo el involucramiento en línea podría "asegurar mayor accesibilidad a más información" y cómo aprovechar "la interactividad de las TIC para las consultas en línea"2. En términos generales, los casos investigados a través del proyecto Impacto 2.0 demostraron que la incorporación de los servicios web 2.0 y las redes sociales han abierto nuevas y poderosas oportunidades para el involucramiento electrónico más allá de la provisión de información y la realización de consultas, en una orientación dirigida a la participación activa y la colaboración entre los actores en juego.

Las investigaciones que aquí se presentan demuestran que los servicios de redes sociales y la web 2.0 pueden ser utilizados de forma productiva en campañas conducidas por investigadores y en consultas públicas en línea, cuando se procura aumentar el impacto de la investigación académica en las políticas públicas, y que esas herramientas también pueden usarse para apoyar la colaboración enre investigadores y otros actores interesados.

También resulta evidente que, previo a su uso, algunas condiciones deben ser satisfechas, y que su uso preferible es como parte de una estrategia de comunicación multifacética. Si los elaboradores de políticas no quieren o no pueden usar esas herramientas, si no tienen interés en modificar las políticas, o si no están abiertos a la evidencia presentada o a sus fuentes, entonces es poco probable que las herramientas web 2.0 aumenten el impacto de la investigación. Pero por otro lado, si se dan las condiciones contextuales, los investigadores que cuentan con prouestas sólidas y relevantes pueden incorporar, de manera eficaz y económica, las herramientas web 2.0 y los servicios de redes sociales en su estrategia global de comunicación.

Si bien todas las conclusiones que se desprenden de este informe son necesariamente tentativas, es innegable que las aplicaciones y los servicios interactivos de internet han tenido impacto en múltiples dominios, modificando las relaciones personales y profesionales, permitiendo la colaboración a través del tiempo y el espacio, reduciendo los costos de comunicación, facilitando el desarrollo de redes y dando lugar a nuevas formas de crear, compartir, debatir y acceder al conocimiento. Las investigaciones realizadas al abrigo de Impacto 2.0 muestran que esas herramientas tienen el potencial de contribuir a mejorar los vínculos entre investigación y políticas, y son un comienzo de exploración de las condiciones, usos y estrategias que permitan efectivizar ese potencial.

CAMPAÑAS DESDE LA ACADEMIA

1. INTRODUCCIÓN

Bruce Girard

Las campañas a través de medios de comunicación sociales abundan en el siglo XXI. Los políticos destinan importantes recursos a sus campañas en línea que, a su vez, pueden generarles importantes ingresos[1], mientras que publicistas y activistas aspiran a que sus videos se vuelvan "virales" merced a la veloz diseminación de enlaces y comentarios a través de las redes sociales, que pueden, llegado el caso, quedar en exposición ante decenas de millones de personas. Algunos van tan lejos como para atribuir a las campañas a través de redes sociales el derrocamiento de gobiernos, por ejemplo durante los levantamientos de la llamada "primavera árabe" en Túnez y Egipto.

Los investigadores y los *think tanks* también están experimentando con campañas a través de medios sociales, aunque de manera menos masiva y espectacular que los ejemplos mencionados, como parte

---

1 La campaña de Barack Obama para la elección presidencial de Estados Unidos de 2008 se prolongó durante 21 meses y recaudó más de 500 mil dólares. voices.washingtonpost.com/44/2008/11/obama-raised-half-a-billion-on.html [23/04/2012]

de sus intentos de garantizar que las conclusiones de sus trabajos sean integradas a las discusiones públicas sobre opciones políticas. Esta sección examina dos casos de campañas para ejercer influencia en políticas públicas, conducidas por investigadores de América Latina: Educación 2020, una campaña para introducir determinadas reformas en el sistema de educación pública chileno, y el trabajo realizado por el laboratorio nacional de Impacto 2.0 en Perú, que buscaba influir en la política nacional de banda ancha.

EDUCACIÓN 2020

El primer caso, *Internet, investigación e influencia: las estrategias de Educación 2020*, cuenta la historia de un grupo fundado por un influyente académico y un reducido grupo de estudiantes, que aprovechó la capacidad de la web 2.0 para amplificar sus voces, generar un movimiento con decenas de miles de adherentes y abrirle las puertas de los niveles más altos de la elaboración de políticas. Los autores describen a Educación 2020 como una especie de organización híbrida que combinó estrategias en línea y fuera de línea características de los *think tanks*, los movimientos sociales, las fundaciones y los grupos de presión, para lograr un alto nivel de impacto.

No hay una clave única del éxito de Educación 2020, pero algunos de los factores que contribuyeron a él son:

- Desde el inicio fue capaz de explotar el considerable capital político de su fundador, líder y principal vocero, un académico que contaba con credenciales y contactos ya establecidos. Tanto para los individuos como para los *think tanks*, es útil contar con el respaldo que da ser reconocido como experto antes de iniciar una campaña.

- Sus mensajes en línea eran simples, y Educación 2020 expresaba con claridad qué debían hacer los ciudadanos interesados para apoyar la iniciativa.

- Sus demandas se adaptaban al contexto político, y estaban formuladas de tal forma que resultaban atrayentes tanto para los encargados de las políticas como para el público en general. Independientemente de la cantidad de pruebas académicas que lo sustentaran, E2020 no hubiera conseguido una audiencia con la presidenta sólo con el apoyo virtual a sus demandas, si éstas hubieran sido contrarias a los propios intereses del gobierno.
- La campaña a través de las redes sociales no era un fin en sí misma, sino que aportaba a una estrategia general combinada con el cabildeo más tradicional. Educación 2020 nunca hubiera podido reunir a sus 80.000 seguidores en línea en una manifestación masiva, pero fue capaz de usarlos para respaldar sus intentos de que el público y la prensa lo concibieran como un movimiento social legítimo y valioso como para enfrentar al poderoso sindicato de profesores y al movimiento estudiantil.

Como concluyen los autores del estudio, los movimientos sociales (o los *think tanks*) "no pueden esperar insertarse en los espacios de discusión de políticas públicas solamente gracias a utilizar internet de forma extensa y asegurar ahí altos niveles de apoyo. Al contrario [...] el tipo de demandas y su relación con los discursos dominantes, la capacidad de articular propuestas reconocidas como un aporte técnico a la discusión y la existencia de redes políticas siguen siendo factores críticos de éxito".

LABORATORIO NACIONAL 2.0 EN PERÚ

El segundo caso considerado es el laboratorio nacional de Impacto 2.0 en el Perú. Instalado como parte del proyecto Impacto 2.0, se proveyó al laboratorio de recursos mínimos y se le encomendó una tarea amplia: hacer experimentos de uso de herramientas web 2.0 para vincular investigación y políticas sobre TIC. El director del proyecto Jorge Bossio fue coordinador de la red de investigadores DIRSI (Diálogo regional sobre la sociedad de la información), fue empleado del organismo regulador de telecomunicaciones del Perú, e integra diversas redes académicas y de la sociedad civil. Esto lo ponía en una buena posición para desempeñar un papel en la conexión de diversas iniciativas sobre políticas de TIC. A diferencia del artículo sobre Educación 2020, que presenta el resultado de una revisión externa a la iniciativa, el capítulo peruano fue redactado por el director del proyecto, y describe la experiencia desde adentro.

Después de analizar el contexto político, el laboratorio seleccionó un tema y las investigaciones existentes que pudieran ser un aporte para las discusiones; identificó los principales grupos de interés y desarrolló una estrategia de comunicación que combinó el uso de redes sociales en línea con instrumentos más tradicionales, como seminarios y resúmenes ejecutivos.

La estrategia adoptada constó de tres fases: (i) generar interés en el tema demostrando su importancia; (ii) hacer un aporte para la comprensión de los temas y las opciones a través de un documento (resumen ejecutivo) y en reuniones con los actores interesados, y (iii) crear oportunidades de participación, en línea y fuera de ésta. En esta fase final se destaca *Código Abierto*, un programa de televisión por internet producido en cooperación con *La Mula*, uno de los portales de noticias más importantes del Perú. *Código Abierto* produjo cinco programas especiales sobre el tema del laboratorio, a los que se invitó a elaboradores de políticas y a representantes del sector privado, la academia y la sociedad civil. Los experimentos con Facebook para vincularse con actores clave fueron menos exitosos. Las páginas montadas para favorecer la discusión de los temas fueron usadas por organizaciones de la sociedad civil y llegaron a captar el interés de la comisión asesora sobre políticas de banda ancha del gobierno, que invitó al laboratorio a presentar los resultados del debate en una de sus reuniones. Irónicamente, si bien los miembros de la comisión conocían la existencia de esas discusiones en Facebook, no podían participar o siquiera ver el contenido, ya que las oficinas del gobierno peruano bloquean el acceso a Facebook.

Este estudio de caso concluye, entre otras cosas, que si bien las herramientas como Twitter y Facebook funcionan cuando el mensaje es preciso y de interés generalizado, y cuando el objetivo es registrar adhesiones (como en el caso de Educación 2020), no resultan de tanta utilidad cuando aspiran a reunir a los diversos actores interesados para mantener conversaciones e intercambios de conocimientos más sustantivos acerca de asuntos más complejos (posibles modelos de implementación y regulación de la red troncal nacional de banda ancha). Por lo general se estima que los encuentros cara a cara son mejores para esos fines, pero el experimento con televisión por internet logró captar la atención y la participación de actores clave, inclusive de aquellos que no suelen estar muy inclinados a participar en debates públicos abiertos. Queda planteada la pregunta sobre si la televisión por internet abre nuevas posibilidades o si el éxito de *Código Abierto* se debió a la novedad de su propuesta.

2. INTERNET, INVESTIGACIÓN E INFLUENCIA: LAS ESTRATEGIAS DE EDUCACIÓN 2020

Eduardo Araya y Diego Barría

INTRODUCCIÓN

Internet es un medio de comunicación que ha alcanzado un lugar preponderante en la vida cotidiana de las personas y de la política en Chile. Si bien el porcentaje de personas con conexión a internet en sus casas alcanzaba, el año 2009, a tan solo el 40% de la población, se debe tener en cuenta que el 53% manifestó ser usuario (SUBTEL 2010).

Uno de los aspectos más interesantes del fenómeno de internet en Chile es que existen ciertos hechos que permiten pensar que la red se ha transformado en un espacio virtual en el cual lo estatal y lo político se encuentran presentes. El número de ciudadanos que se conecta a internet para realizar trámites es alto (Araya y Barría 2008), y además han surgido comunidades que se organizan en torno a tópicos de políticas públicas e, incluso, para levantar candidaturas presidenciales antisistémicas (Araya, Barría y Campos 2009). Así, internet no es una esfera ajena a las discusiones políticas, sino que al contrario se transforma en un terreno fértil sobre el cual organizar acciones colectivas, sobre todo para buscar influir en temas de relevancia social (Castells 1997).

La investigación que a continuación se presenta apuntó a ese ámbito: analizar si internet proporciona posibilidades a la sociedad chilena para articular movimientos sociales visibles y capaces de influir en el debate público en general y en la formulación de políticas públicas en particular y, cuando esas posibilidades existen, cómo se han utilizado.

Cabe señalar que desde finales de la década de 1970 existe en Chile un nuevo tipo de organizaciones sociales, que se articulan en torno a intereses ciudadanos pero se encuentran dominadas por técnicos o expertos y que se conocen como think tanks. En efecto, se aprecia la organización de centros de estudios, dominados por personas con perfiles tecnocráticos, que han buscado influir en las políticas públicas (Silva 2008) y en un contexto en el que la participación ciudadana se ha visto cada vez más limitada a discusiones basadas en debates de carácter técnico (Márquez 2010).

La investigación analizó el caso particular de Educación 2020 (E2020), una iniciativa creada el año 2008 por Mario Waissbluth –destacado académico chileno que, además de desarrollar una carrera en la Universidad de Chile, ha participado en varios consejos de instituciones públicas en su calidad de experto en gestión pública– junto a organizaciones universitarias, con el objetivo de promover un debate nacional sobre las políticas educativas, con el fin de lograr que en el año 2020, los niños del 20% de la población más pobre de Chile tengan acceso a una educación de igual calidad que la recibida por los niños que forman parte del 20% más rico.

Se ha seleccionado este grupo pues su creación y organización inicial se realizó de forma casi exclusiva a través de internet, y logró tener visibilidad muy rápidamente en el debate sobre políticas educativas, a tal punto que es reconocido por las autoridades de gobierno y por parlamentarios como un actor del sector, y contaba, tras dos años de existencia, con más de 80.000 adherentes. Por todo esto, E2020 parece ser un caso exitoso de organización vía internet de una organización social que pretende influir en políticas públicas.

La investigación no buscaba medir el grado de éxito de E2020 en su intento por influir en los contenidos de las políticas educativas chilenas. Sin embargo, partió del supuesto de que el éxito de este movimiento se debió a que logró ser considerado por la autoridad como un actor relevante con el cual hay que discutir las políticas educativas. Teniendo este hecho como base, se esperaba dilucidar si internet ayudó a esta organización a lograr esa posición privilegiada, o si ello respondió a otros factores tradicionales.

La atención se puso en el uso de internet por parte de E2020 entre los años 2008 y 2010, su inserción en los espacios institucionales de discusión de políticas del campo educativo (Ministerio de Educación (MINEDUC) y comisiones temáticas parlamentarias) y las causas que explican su ingreso a esas instancias.

El estudio se basó en un trabajo de campo que incluyó el desarrollo de entrevistas con informantes clave, entre los que se encuentran miembros de E2020, autoridades del MINEDUC y miembros de las comisiones de Educación de la Cámara de Diputados y el Senado. Adicionalmente, se realizó un análisis de los principales medios de prensa escrita del país, y se implementó un análisis de la presencia web de E2020, enfocando la atención en sus sitios web, espacios en Facebook, Twitter y YouTube, de forma periódica entre noviembre de 2010 y agosto de 2011.

Esta presentación se divide en ocho secciones. Luego de la introducción sigue una discusión teórica sobre la incorporación de las tecnologías de la información y la comunicación (TIC) a la actividad política, se debaten los resultados y limitaciones de dos décadas de investigación en el campo y se propone un enfoque de la cuestión que supere lo que se identifica como un idealismo tecnológico. La tercera y la cuarta sección proporcionan el contexto para comprender la participación ciudadana en Chile, así como las discusiones vigentes y los actores pertenecientes al campo educativo. Con posterioridad, se describe la irrupción de E2020 en la escena en 2008, prestando atención al temprano establecimiento de contactos con autoridades políticas, además del éxito que tuvieron en la red captando adhesión ciudadana. La sexta sección analiza el uso que el movimiento ha hecho de internet para contactarse con los ciudadanos y promover sus iniciativas. La penúltima parte describe los contactos de E2020 con parlamentarios y autoridades de gobierno, y se intenta explicar la existencia de éstos. El artículo finaliza con una conclusión que presenta los principales aportes de la investigación, y se destacan cuestiones que podrían ser de interés para otros movimientos sociales y para investigadores en el campo de estudio del uso de las TIC en la política.

Finalmente, valga una aclaración. En este texto se hace referencia a E2020 como grupo de académicos, como movimiento y como fundación. Si bien dichos conceptos no son sinónimos, ellos dan cuenta del carácter complejo de una organización como E2020, que se presenta frente a la ciudadanía y las autoridades a partir de esas tres identificaciones. Estas tres categorías, además, resultan pertinentes porque dan cuenta de la evolución del grupo a través de los dos años analizados. Esta opción se tomó para darle mayor fluidez al relato.

INTERNET, POLÍTICA Y PARTICIPACIÓN CIUDADANA

Desde la década de 1990 en adelante, la incorporación de las TIC al campo de la política ha sido seguida con gran interés, tanto por activistas como por el mundo académico dedicado a estudiar fenómenos de comunicación política, las relaciones entre Estado y sociedad, la participación ciudadana y el estado de la democracia. En un comienzo abundaron los análisis en el plano teórico que, con una importante dosis de voluntarismo e idealismo, pronosticaron que las TIC, en especial internet, se constituirían en un paso fundamental para aumentar los niveles y la calidad de la información pública y las posibilidades de la sociedad para incorporarse en la discusión de los asuntos públicos (Davis 2001: 8). Las esperanzas estaban puestas en mejorar la calidad de la democracia y en alcanzar las características propias de la democracia deliberativa.

De la teoría de la democratización a las dudas presentadas por la evidencia

Uno de los problemas centrales de la literatura optimista respecto a las TIC radica en que ha intentado entender su influencia en la política olvidando consideraciones propias de la política, la acción estatal y las dinámicas de discusión de políticas públicas.

El debate inicial sobre las TIC se centró en su potencial democratizador. Se pensaba que la incorporación de esas tecnologías daría paso a una ampliación de la democracia, pues aumentarían los canales de información bidireccionales, se reducirían los tiempos de respuesta de las autoridades a la ciudadanía y las opiniones de esta última tendrían una mayor visibilidad. En consecuencia, se darían las condiciones necesarias para establecer una democracia deliberativa, en la cual primara el debate racional de proyectos de convivencia social (Jensen 2003: 30).

Esta primera fase de la discusión sobre la relación entre internet y política, además de estar dominada por el idealismo en lo político, se basó en un determinismo tecnológico que creía que las tecnologías serían un elemento suficiente para desencadenar procesos de democratización (Costafreda 2004: 4).

Estas posturas han sido superadas por la evidencia empírica presentada por investigaciones posteriores. Los resultados de varios estudios llevaron a advertir que las promesas de una mejor democracia a causa de las tecnologías no se cumplieron, quizás con la excepción de los países escandinavos (Castells 2000: 177; Costafreda 2004: 4-5). En cambio, lo que se desprendió de estos trabajos fue la constatación respecto de que las tecnologías no gatillan cambios radicales. Al contrario, las prácticas políticas tradicionales sobrevivieron a la irrupción tecnológica (Parvez 2006: 79).

Si bien las TIC han sido incorporadas de forma unidireccional por los gobiernos, parlamentos, partidos políticos y políticos profesionales como un medio para contactarse con la ciudacanía (Colombo 2006, Smith y Wester 2004, Seaton 2005, Setälä y Grönlund 2006; para Chile, véase Araya y Barría 2008, 2009 y 2010; Araya, Barría y Campos 2009), es necesario no prestar tanta atención al uso de las tecnologías sino también a las cuestiones de fondo, como las características propias de los sistemas políticos y los modelos teóricos de democracia en los que se sustentan esos usos (Martí 2008).

Retomando viejos temas para entender la influencia de actores sociales en las políticas públicas a través de las TIC

Una primera consideración es que no todos los actores sociales tieren el mismo peso en la política. Ellos, señala el enfoque pluralista, se diferencian por el tipo de recursos políticos con los que cuentan y la pericia con que los usan. Un recurso político es un medio que permite incidir en la conducta de otros actores (Dahl 1985: 48-51). Los medios o recursos son importantes pues dan cuenta de la importancia de un actor o grupo social, y por eso mismo su tipo y calidad se constituyen en factores de ventaja o desventaja para los actores que aspiran a insertarse en los procesos de discusión de políticas públicas (Kingdon 2003: 51-53).

Existen algunos recursos que son más importantes que otros para que los grupos sociales puedan establecer presión de marera exitosa sobre el sistema político (Pasquino 1989). En primer lugar, está la dimensión de un grupo, es decir, la cantidad de adherentes con que éste cuenta. Por otro lado, está el grado de representatividad que ese actor puede arrogarse, y el que el Estado le concede, sobre el sector que dice representar (por ejemplo, los trabajadores, los estudiantes, los campesinos). Otro recurso determinante es el dinero con el que una organización cuenta para, por ejemplo, organizar campañas, contratar servicios de asesoría o contratar espacios de publicidad en los medios, aunque en la actualidad, contar con un sitio web funcional a sus intereses y un equipo de trabajo encargado de gestionar la presencia del grupo en el campo virtual puede reducir los costos sustancialmente. En cuarto lugar, se encuentra la capacidad de los actores para articular propuestas, una cuestión central si se busca incidir en políticas. Finalmente, un recurso crítico es la ubicación que un grupo tiene en el proceso productivo o en el sistema político. En la medida en que pueda detener el funcionamiento de uno de estos dos campos, sus posibilidades de ser considerado aumentan. A estos recursos habría que agregar otros, como los contactos políticos con los que pueda contar un grupo especial, y la forma en que se relaciona con los partidos políticos (Valenzuela 1991). En el mejor de los casos, un grupo puede convertirse en un actor relevante, a tal punto que su apoyo a una política puede volverse un requisito fundamental para que ella pueda tener éxito (Deutsch 1976).

Aunque útil para entender las capacidades de los actores, este enfoque no explica cabalmente por qué el Estado considera a algunos actores y no a otros, además de dejar fuera otras cuestiones como, por ejemplo, el origen de clase de una organización, o la violencia ejercida por el Estado sobre ciertos grupos o ideas. En el enfoque pluralista pareciera que todo depende de los recursos y la pericia con la que son usados. Sin embargo, ello desconoce que el Estado no es un actor neutral y que, al contrario, muestra una actitud diferenciada frente a los actores sociales, sus estrategias y sus discursos.

Desde otra perspectiva, el llamado enfoque estadocéntrico que se desarrolló en la politología en la década de 1980, se rescata un último punto que será considerado en este trabajo. El Estado, en situaciones en las que se encuentra en una posición antagónica con un grupo social, es capaz de manejar esa divergencia a través de diferentes acciones, por ejemplo restarle recursos, y también crear o reconocer nuevos grupos sociales con intereses antagónicos a los movimientos que chocan con el Estado (Nordlinger 1981).

***

En esta sección se ha rechazado el enfoque voluntarista y favorable a la incorporación de las tecnologías en la política como medio para aumentar los niveles de democracia y participación. Al contrario, se plantea que es necesario entender el uso de las tecnologías a partir de un enfoque que incorpore tópicos clásicos sobre la participación de los grupos sociales y las causas y formas en las que ocurre la apertura del Estado frente a ellos. Muy probablemente, un uso extensivo de internet no significará ser considerado en políticas si un movimiento no cuenta con recursos como un importante nivel de adhesión, cierta representatividad, o la capacidad de articular propuestas. Además, es necesario comprender que los movimientos sociales, los grupos interesados y otros actores no solamente se insertan en las discusiones de políticas por su peso específico, aunque ello es relevante, sino que también dependen de otros factores, como los filtros discursivos que realiza el Estado para abrirse a la sociedad y el análisis que lleva adelante el aparato estatal respecto a las relaciones de apoyo o antagonismo entre los diferentes actores sociales y cómo ello afecta al propio Estado.

PARTICIPACIÓN CIUDADANA EN POLÍTICAS PÚBLICAS EN CHILE, 1990-2008

Anteriormente se destacó que la forma en que funcionan las TIC está mediatizada por las características propias del contexto en el que se insertan. Por lo mismo, en esta sección se intenta hacer una caracterización de las formas que la participación ciudadana ha tomado en el ámbito de las políticas públicas en Chile, entre 1990 y 2010. En específico, se describe la actitud del Estado frente a la ciudadanía, y cómo esta última ha vivido un proceso de reactivación desde la década del 2000.

En la década de 1990, las reivindicaciones sociales fueron moderadas para no presionar por cambios en la institucionalidad heredada por la dictadura. Desde este esquema, en el campo de las políticas públicas se instaló una lógica según la cual el Estado chileno se abre a mantener contactos con diversos actores sociales, pero esas interacciones no se caracterizan por convertirse en discusiones abiertas. En otras palabras, el Estado sí abre espacios para la participación de la comunidad en ámbitos sectoriales de políticas públicas focalizadas, pero sin dar lugar a la deliberación (Delamaza 2009).

Adicionalmente, se ha reducido el listado de temas a discutir: lo que excede los principios del marco institucional de la economía de mercado chilena no entra en el debate. A ello se agrega que la discusión, antes que en política, está sustentada en argumentaciones y lenguajes técnicos. Ello está en relación con la constatación que la literatura ha hecho sobre la creciente tecnocratización de la gestión de los gobiernos chilenos post-dictadura (Silva 2008), que tuvo su punto cúlmine durante el gobierno de Bachelet (2006-2010), en el cual las comisiones encargadas de proponer políticas públicas ya no estaban integradas por organizaciones sociales y autoridades sino por personas altamente calificadas en disciplinas como la economía (Aguilera 2007, Araya, Barría y Drouillas 2012). Como resultado de este esquema, la discusión política se ha centrado en cuestiones específicas y técnicas. En ese contexto, los *think tanks* chilenos, que se organizan como instituciones que cuentan con sedes, personal especializado y administrativo y recursos tangibles por medio de los cuales operan, sí pudieron participar.

Por otra parte, los grupos de la sociedad civil que no son capaces de argumentar en base técnica, y especialmente cuantitativa, quedaron fuera de las discusiones con el Estado (Márquez 2010). Sin embargo, en la última década han surgido nuevas organizaciones que, sin contar con tales recursos, son capaces de tener vida a través internet, organizándose en red, usando este espacio como medio de desarrollo de encuentros, debates, y difusión de propuestas o resultados de investigación. El ejemplo más paradigmático lo representa Expansiva, un centro que aglutinó a académicos de diversas universidades de Chile y Estados Unidos, quienes gracias a un sitio web y la realización de seminarios lograron una visibilidad tal que fueron el sostén principal sobre el cual la presidenta Michelle Bachelet articuló su primer gabinete, en 2006.

A lo anteriormente planteado debe agregarse que en Chile, al menos hasta la mitad de la década del 2000, se vivió un proceso de despolitización de la ciudadanía. Ello se vio reflejado en las elecciones parlamentarias de 1997, en las cuales el nivel de participación fue bajo, a lo que se sumó un aumento de los votos nulos y en blanco.

A partir de mediados de la década del 2000, la despolitización ha dado paso de manera paulatina a una reactivación en el campo social por un lado, junto al descrédito de los partidos políticos por otro (Luna 2008). Como resultado, las demandas sociales son directamente levantadas por la ciudadanía, que durante 2011 ha acuñado el lema "el pueblo unido avanza sin partidos". Una de las primeras manifestaciones en esta línea fue el paro nacional que la Central Unitaria de Trabajadores (CUT) organizó en 2003, la primera movilización de estas características desde el retorno a la democracia (Araya, Barría y Drouillas 2009).

La reactivación ciudadana no se restringe al campo laboral. La aparición de organizaciones sociales abarca una multiplicidad de sectores, temas y reivindicaciones. En los últimos años han surgido tanto organizaciones que agrupan a quienes cuentan con deudas hipotecarias con la banca, por ejemplo, como grupos ecologistas que se han opuesto a la instalación de centrales generadoras de energía eléctrica. De igual forma, se han levantado movimientos regionales que han criticado al gobierno central por sus políticas hacia sus respectivas localidades y han solicitado mejoras. Durante 2010 y 2011, el gobierno de Sebastián Piñera ha debido enfrentar paros, marchas y corte de carreteras en ciudades lejanas a la capital, como Calama, Dichato y Punta Arenas.

Los trabajadores han exigido el abandono de la institucionalidad impulsada a finales de la década de 1970 (Araya, Barría y Drouillas 2009), y este mismo objetivo se ha levantado en el ámbito social en el cual la reactivación ha sido, quizás, el caso más claro: el campo educativo.

EL SECTOR EDUCATIVO, LOS ACTORES SOCIALES Y LAS LÓGICAS DE ACCIÓN EN LA DÉCADA DEL 2000

En esta sección no se pretende realizar un resumen de las políticas educativas durante los últimos veinte años. Para ello ya existe una literatura bastante completa (Mizala 2011; Valenzuela et al. 2008; Picazo 2010). Al contrario, lo que se busca es presentar algunos elementos que permiten entender cómo se ha materializado en el campo educativo el proceso de reactivación social recién descrito.

En los inicios de la década de 1980 el sistema educacional chileno fue reformado de manera radical. Las principales medidas tomadas fueron: 1) la descentralización de los colegios fiscales desde el Ministerio de Educación a las municipalidades; 2) el establecimiento de un financiamiento de la educación a través del pago de subvenciones por alumno, a lo que se sumó la apertura del sistema a la entrada de privados como proveedores de servicios educativos; 3) la incorporación de pruebas estandarizadas para medir el rendimiento escolar; 4) cambios en la regulación de la profesión docente (Mizala 2007).

Estas medidas, acordes a la orientación neoliberal de la dictadura de Pinochet, fueron mantenidas desde 1990 por los sucesivos gobiernos de la Concertación, que colocaron su atención en aumentar la cobertura del sistema, además de responder a las demandas gremiales de los profesores estableciendo el Estatuto Docente (el cuerpo legal que rige las relaciones contractuales entre los docentes y los colegios) y mejorando los salarios del personal docente. De igual forma, se intentó establecer un conjunto de mecanismos de medición, como la evaluación del desempeño docente.

El sistema educativo chileno se rigió por la Ley Orgánica Constitucional de Enseñanza (LOCE) por casi veinte años (1990-2009), hasta que dicha norma fue reemplazada por la Ley General de Educación (LGE). La lógica que se estableció responde al principio de la libertad de enseñanza. La educación se constituye en una responsabilidad de las familias, y al Estado le cabe asegurar la existencia de prestadores gratuitos, para asegurar el acceso (Valenzuela et al. 2008: 134). La estructura del sistema tiene en la cabeza al Ministerio de Educación, el cual establece las políticas del sector, realiza transferencias monetarias y tiene funciones fiscalizadoras.

La educación en Chile está organizada en niveles. Los dos primeros conforman la educación obligatoria: la educación primaria, que tiene una duración de ocho años y la educación media, que contempla cuatro cursos. Existen tres tipos de prestadores: los colegios municipales, en los cuales la educación es gratuita y el financiamiento proviene de los subsidios que el Estado entrega para cada alumno; los llamados colegios particulares subvencionados, es decir, escuelas privadas en las que el financiamiento se comparte entre los aportes fiscales y los de los apoderados, y las escuelas privadas, cuyo financiamiento completo es privado (Ibidem: 133).

El tercer nivel del sistema es el de la educación superior, que incluye la formación técnica y la profesional. En la educación superior existen prestadores públicos, principalmente las universidades estatales, y otros privados, como los Centros de Formación Técnica (CFT), institutos y universidades. El Estado aporta a los prestadores públicos recursos fiscales fijos, y además reparte subsidios por los alumnos de alto rendimiento entre las instituciones en que estudian, sean éstas públicas o privadas. Los aportes estatales a los prestadores públicos no alcanzan a cubrir los costos de estas instituciones, lo que las ha obligado a aplicar políticas de autofinanciamiento que han llevado a que los aranceles anuales sean elevados.

Problemas del sistema educativo chileno

El sistema educativo chileno ha generado una serie de problemas. El primero de ellos es la desigualdad en la calidad. A nivel primario y secundario, la estructura ha llevado a altos niveles de segregación, lo que en la práctica se traduce en que no existe convivencia entre diferentes sectores sociales en las escuelas. La educación municipal, salvo excepciones, recibe a los niños provenientes de los sectores más vulnerables.

Adicionalmente, las pruebas de medición de la calidad de la enseñanza, como el examen del Sistema de Medición de la Calidad de la Educación (SIMCE), han documentado una brecha de rendimiento entre los distintos tipos de establecimientos educacionales. Eso ha llevado a que una serie de especialistas acusen que el sistema genera una situación en la que las escuelas municipales tienen rendimientos bajos, mientras que los puntajes más altos se encuentran en las escuelas privadas (Picazo 2010: 75).

Los actores sociales en el campo educativo

Los problemas de la educación no solamente generan debate entre los especialistas en el área, sino también entre los principales actores sociales del campo. Entre ellos se encuentra el Colegio de Profesores, una organización que agrupa a más de 100.000 docentes. Esta organización antes que un colegio profesional es un sindicato. Desde la década de 1990 se ha mostrado muy activo en el rechazo de la municipalización del sistema educativo, ha levantado reivindicaciones salariales, y ha denunciado lo que consideran condiciones precarias de desarrollo profesional (Mizala 2007: 10-11).

El segundo actor relevante ha sido la Confederación de Estudiantes de Chile (CONFECH), que agrupa a las federaciones de estudiantes de las llamadas universidades tradicionales, principalmente las estatales y las de la Iglesia Católica. La CONFECH ha levantado entre sus banderas el fortalecimiento de la educación pública, el aumento del aporte directo del Estado a los presupuestos universitarios (lo que debería traducirse en una disminución de los valores de las carreras universitarias e, idealmente, llegar a la gratuidad de éstas), y la democratización de las universidades.

El tercer actor relevante es el movimiento de estudiantes de secundaria, quienes, a diferencia de los profesores de secundaria y los estudiantes universitarios, no tuvieron una participación activa entre 1990 y 2005 (Torres 2010). Sin embargo, a partir de 2006 se han convertido en un movimiento activo y han jugado un rol clave en la reactivación social en el campo educativo, sobre todo por colocar en el centro del debate la baja calidad de la educación, especialmente la pública.

Los temas abiertos

Durante los últimos meses de 2005, los estudiantes secundarios iniciaron una movilización que incluyó entre sus reclamos la eliminación del modelo de educación pública a cargo de las municipalidades, por considerarlo responsable de las diferencias de calidad educativa. En 2006, los mismos secundarios levantaron un movimiento cuyos puntos más urgentes fueron la gratuidad de la Prueba de Selección Universitaria (PSU) para un grupo importante de estudiantes, y la ampliación del beneficio de la tarifa rebajada en el transporte público. Con posterioridad, y con un amplio apoyo ciudadano y de organizaciones como el Colegio de Profesores y la CONFECH, las movilizaciones se centraron en el fin de la municipalización, la derogación de la LOCE, la mejora de la calidad y el fortalecimiento de la educación a cargo del Estado (De la Cuadra 2007).

Las protestas tuvieron como resultado la salida del ministro de Educación del momento, y la conformación, a mediados de ese año, de un Consejo Asesor Presidencial para la Calidad de la Educación, al que se invitó a participar a estudiantes, expertos en educación, académicos, autoridades religiosas y personeros políticos. En esta instancia, donde se entregó un informe con propuestas de política, así como en las siguientes medidas tomadas por el gobierno de Bachelet, el acento se colocó en la derogación de la LOCE y la aprobación de la LGE, y en la cuestión de la calidad de la educación, para lo cual durante los dos últimos años se aprobaron algunas leyes, como la misma LGE, que crea una Superintendencia de Educación y la Agencia de Calidad, y otras que además establecen mecanismos de certificación y crean incentivos para su aumento, sobre todo en sectores vulnerables socioeconómicamente. El foco en la calidad se explica porque ha sido un objetivo que ha estado presente en las políticas desde 1990 en adelante (Mizala 2007). Por el contrario, otros temas centrales de las demandas del movimiento estudiantil de 2006, como la desmunicipalización de la educación y el fortalecimiento de la educación pública, no fueron considerados en el debate de políticas, pues no formaban parte de la agenda de reformas educativas de los gobiernos de la Concertación.

Un tópico que sí ha formado parte del discurso aceptado desde el Estado en materia educativa es el de los recursos humanos en educación. En años recientes, ha ganado fuerza un discurso según el cual la calidad de la educación depende, en gran medida, de lo que ocurre en las aulas, por lo que el resultado de la enseñanza depende de cuestiones críticas como la preparación de los profesores y los directores de escuela, y no tanto de los factores socioeconómicos, como la formación de los padres (Eyzaguirre y Fontaine 2008). Por lo tanto, en esta lógica importan cuestiones como contar con mejores directores, tener la posibilidad de eliminar las restricciones legales que no permiten despedir libremente a los "malos profesores", y establecer un mecanismo de evaluación del desempeño de los docentes. Ello ha provocado una tensión entre los sucesivos gobiernos y el Colegio de Profesores (Mizala 2007: 40-41), y ha llevado a algunos actores políticos a criticar al gremio por exigir mejoras económicas y no aceptar ser evaluado.

LA IRRUPCIÓN DE EDUCACIÓN 2020 EN EL CAMPO EDUCATIVO

El 2008 fue un año conflictivo en la educación chilena. Las cuestiones discutidas en la movilización de 2006 seguían siendo foco de debate en el mundo social y político, y los estudiantes secundarios se movilizaron nuevamente, pues no veían soluciones a sus demandas. Además, la ministra de Educación fue destituida por el Congreso a causa de una acusación de corrupción en su cartera, y el gobierno enfrentaba las protestas del Colegio de Profesores, que se mostraba contrario a los intentos del MINEDUC por establecer la evaluación al desempeño docente y, a la vez, solicitaba que se le reconocieran deudas derivadas del paso, dos décadas atrás, de los colegios desde el nivel central a los municipios (Mizala 2007).

En ese contexto aparece, en agosto de 2008, una columna de opinión en la influyente revista política *Qué Pasa* titulada "Estatuto Docente: una tragedia peor que el Transantiago". El artículo, escrito por Mario Waissbluth, denunciaba los efectos considerados perniciosos del Estatuto Docente sobre la calidad de la educación. El escrito señalaba que, a pesar de la baja calidad de un profesor, era muy difícil desvincularlo pues el Estatuto no lo permitía. El título de la columna era provocador, señalaba que esa situación era un desastre peor que el vivido por Santiago tras el fracaso de la implementación del sistema de transporte público de la ciudad en 2007.

¿Quién es el autor de esta columna? Mario Waissbluth es ingeniero químico por la Universidad de Chile y doctor en Ingeniería por la Universidad de Wisconsin. En 2008 se desempeñaba como profesor del departamento de Ingeniería Industrial de la Universidad de Chile, dedicado a materias ligadas a la gestión pública. Waissbluth no es un académico tradicional, al contrario, ha mezclado su trabajo en la academia con su experiencia en la gestión en el sector público, especialmente en innovación tecnológica, al igual que en empresas privadas. Adicionalmente, es un referente dentro del mundo político, que le reconoce el carácter de experto en gestión pública. Por ello, durante los veinte años de gobierno de la Concertación (1990-2010) y gracias a su afinidad con dicha coalición política, ha sido nombrado en algunos consejos de organismos públicos, como la Corporación Nacional del Cobre (CODELCO) y el Consejo de Alta Dirección Pública.

No es casual que la columna haya tratado el problema del profesorado, sino que responde a un largo debate sobre la materia que se estaba desarrollando en círculos de discusión política y académica. Waissbluth dirige desde 2005 el llamado Club de la Innovación Pública, un grupo de discusión que reúne académicos universitarios y gerentes públicos, quienes discuten materias de política pública y gestión de servicios estatales. La educación era uno de los temas frecuentemente tratados en los encuentros del club. Las conclusiones resultantes de esos debates indicaban que el principal problema de la calidad de la educación chilena estaba en la escasa capacidad del personal docente y de los directivos de escuelas.

La crítica presentada en la mencionada columna de opinión tuvo un efecto inmediato. En los foros virtuales de discusión de los estudiantes de la Facultad de Ingeniería de la Universidad de Chile se generó un debate inmediato. En los medios de prensa el impacto fue similar, y al poco tiempo Waissbluth fue invitado a presentar sus ideas sobre educación en el programa de debate político más influyente de la televisión chilena, *Tolerancia Cero*. El académico decidió aceptar esa invitación, pero no a título personal. Su idea fue presentarse como la cabeza de un grupo más grande, por lo cual invitó a un grupo de estudiantes de la Facultad de Ingeniería de la Universidad de Chile, así como a otros de la Pontificia Universidad Católica de Chile.

Nace así Educación 2020, publicando el llamado *Manifiesto de Educación 2020*, un documento en el cual se acusa el "desastre educacional del país" y la falta de calidad del personal docente y directivo, se pide un acuerdo nacional por la educación, en el que la flexibilización del Estatuto Docente debería tener un lugar fundamental, y se reclama aumentar crecientemente el gasto en educación. En resumen, se propone tomar todas las medidas necesarias para lograr que hacia el año 2020, la educación recibida por el 20% más pobre de la población sea de igual calidad que la del 20% más rico del país.

La estrategia de E2020

El recién creado movimiento decidió levantar un sitio web, además de un grupo en Facebook, donde se reuniría el apoyo de la mayor cantidad posible de ciudadanos, para luego llevarlo a la autoridad como soporte a sus propuestas. La idea inicial era contar con este medio solamente por dos semanas. En la primera, más de 15.000 personas se inscribieron como adherentes de E2020. Los acontecimientos se mostraban rápidos y favorables para Waissbluth y sus colaboradores, pues además de lograr una explosiva presencia en los medios de prensa y en las redes sociales, la que continuó durante un tiempo, tuvieron la posibilidad de ser recibidos prontamente por la Comisión de Educación de la Cámara de Diputados.

En las semanas siguientes, la exposición en la prensa continuó. E2020 se encargó de difundir sus propuestas en distintos niveles, lo que explica, en parte, su rápida y continua presencia en los medios de prensa escritos, en radio y en televisión. En ese contexto, y sin haber pasado un mes desde su irrupción, E2020 logró que la ministra de Educación de la época, Mónica Jiménez, los recibiera. En ese encuentro, las autoridades del MINEDUC plantearon a los integrantes del movimiento que en opinión del ministerio era importante que continuaran con su acción y que se enfocaran en tener una actitud propositiva.

El documento de E2020 también tuvo repercusión social. En diferentes ciudades de Chile fueron apareciendo adherentes, quienes organizaron grupos locales con el nombre del movimiento. Waissbluth y sus colaboradores inicialmente reconocieron a esos grupos y los incorporaron en los procesos de discusión de propuestas de E2020. Sin embargo, al poco tiempo la relación cambió, en parte porque quienes estaban a cargo del movimiento encontraron problemas operativos para realizar las propuestas y, además, porque consideraron que éstas no tenían la calidad apropiada.

Tras convertirse en un "movimiento explosivo a través de la web", tal como lo calificó el periódico *El Mercurio*, el grupo que creó E2020 decide darle un carácter permanente a la iniciativa, fortalecer el sitio web y convertirse en una fundación. Esta decisión buscaba crear una institucionalidad cuya función sería apoyar el trabajo del movimiento, además de permitirle obtener infraestructura y recursos financieros y humanos para apoyar su labor. En este aspecto E2020 fue exitosa, pues a dos meses de irrumpir ya contaba con oficinas amobladas, cedidas por la Facultad de Ingeniería de la Universidad de Chile, además de contar con el apoyo de empresas privadas. La agencia de publicidad Prolam Y&R se dedicó a establecer un diseño estratégico de posicionamiento, mientras Imaginacción, una consultora propiedad de Enrique Correa (un ex ministro de Estado a comienzos de la década de 1990, y uno de los principales lobistas del país), comenzó a prestar servicios de comunicación (*El Mercurio* 24/12/2008).

E2020 pasó a convertirse en un centro de propuesta de políticas, pero sin abandonar el proyecto de tener algunas características propias de un movimiento social. De hecho, en esa época Waissbluth definía al grupo como un movimiento social y solicitaba a los ciudadanos su apoyo para presionar a las autoridades (*La Tercera* 25/11/2008, 23/3/2009). Al mismo tiempo, al transformarse en fundación se tomó la decisión de constituir un directorio conformado por personas con contactos políticos en la derecha y en la Concertación (los principales sectores políticos del país), con experiencia en el sector educativo y otros procedentes del mundo de la empresa, además del mismo

Waissbluth y cuatro integrantes del grupo original (*El Mercurio* 29/3/2009, *La Tercera* 23/4/2009). En la misma línea, se nombró como directora ejecutiva a Adriana Delpiano, una militante del Partido por la Democracia (PPD), que entre 1994 y 2008 fue intendenta de Santiago, ministra del Servicio Nacional de la Mujer, ministra de Bienes Nacionales y subsecretaria de Desarrollo Regional. Al conformar un directorio con esas características y al nombrar a Delpiano como directora ejecutiva, se buscaba sacar provecho de las características de sus miembros para abrir puertas en espacios de decisión de políticas.

Durante 2009, además de profesionalizarse, E2020 lanzó un documento titulado *Se acabó el recreo*, concebido como la hoja de ruta del movimiento para el período 2009-2020. La propuesta era una ampliación del *Manifiesto de Educación 2020*, donde se retomaba el problema de la calidad del profesorado y los directores de colegios, y se añadía la preocupación por lo que ocurría en las aulas, especialmente en las vulnerables. Asimismo, se incorporaba la participación de los apoderados en el tema y se abordaba la cuestión del financiamiento de las propuestas. La fundación procuró distribuir el documento entre los distintos candidatos presidenciales que participaron en los comicios de ese año, e incluso fue hasta el palacio de gobierno a presentarle las propuestas a la entonces presidenta de la República, Michelle Bachelet (*El Mercurio* 24/4/2009).

Como se puede apreciar en las referencias presentadas en esta sección, los grandes hitos en el desarrollo del movimiento fueron cubiertos por *El Mercurio* y *La Tercera*, los principales medios de prensa escrita del país. Eso da cuenta del hecho de que E2020, antes de cumplir un año, ya era un referente en el campo educativo, tanto en la web, donde seguía desarrollando acciones que le permitían aumentar el explosivo apoyo ciudadano que obtuvo, como en el ámbito político y de los medios de prensa.

LA ARTICULACIÓN DE E2020 EN INTERNET

En la sección anterior se mostró que internet jugó un rol importante en el desarrollo de E2020 como un actor en el campo educativo, pues permitió captar el apoyo de la ciudadanía. En el inicio, la red fue utilizada como un instrumento de comunicación que permitió aglutinar un número importante de personas, y eso llamó la atención de la prensa. Ello llevó a tomar la decisión de concebir la red como un espacio preferente y estratégico de acción. Posteriormente, cuando se constituyó como fundación, se decidió utilizar fondos suficientes para poder contar con un sitio web potente.

Lo que los miembros de E2020 tenían en mente era explotar las posibilidades comunicativas de internet para crear comunidades de discusión sobre cuestiones educativas, implementar encuestas sobre diversos temas, además de diseminar información a través de medios como videos. A continuación se muestra cómo estas ideas se materializaron en usos específicos de sitios web y sus aplicaciones.

El ingreso a la web

E2020 se concibió en la red a través de *www.educacion2020.cl*. La idea original fue contar con un sitio durante dos semanas en el cual se recopilaran adhesiones a su manifiesto, y luego enviar el listado de adherentes a la autoridad. Dada la masiva adhesión que recibieron, y la decisión de convertir al grupo en una entidad permanente, el sitio pasó a tener un carácter más complejo. A través del sitio, actualmente, el movimiento cumple varias funciones.

En primer lugar, se mantiene el objetivo inicial de captar la adhesión ciudadana a sus propuestas. Un rasgo central del sitio web es su rasgo de difusor de información. En él se publican los documentos de política pública escritos por el movimiento, se agregan videos de conferencias realizadas por sus miembros, existe una sección que comunica las noticias relevantes sobre E2020 y la educación, y además se creó una batería de "preguntas frecuentes", que aclaran dudas sobre las propuestas de la fundación.

El sitio cuenta, además, con una sección dedicada a la discusión entre los adherentes, a través de foros. Estos se centran en la educación chilena en general, en las propuestas específicas del movimiento y en tópicos asociados a los documentos y campañas realizadas por E2020. La sección de foros es lo suficientemente abierta como para permitir que usuarios ajenos al grupo puedan iniciar temas de debates e, incluso, los deja publicitar iniciativas, como por ejemplo encuestas. Estos foros son espacios de contacto entre E2020 y sus adherentes, pero no están concebidos como instancias para concordar propuestas de políticas.

El objetivo inicial del sitio era obtener apoyos de la ciudadanía (a través de la inscripción en las bases de datos del grupo), pero se extendió a otras formas de colaboración, como el voluntariado, y la colaboración en lo que E2020 llama activismo urbano (en la ciudad) y el activismo virtual, que implica ayudar al movimiento a difundir sus ideas utilizando plataformas como Facebook y Twitter.

Twitter

Aunque el sitio cumple con varias de las funciones ideadas inicialmente, con el tiempo comenzó a presentar problemas para cumplir con las necesidades de E2020. Estos problemas llevaron a que se dejara de lado las intenciones iniciales de crear comunidades en el sitio web. Como medida alternativa, se decidió usar Twitter, principalmente porque esta aplicación genera posibilidades de establecer una comunicación más fluida la que, además, en palabras del director social de E2020, permite tener un *feeling* más certero sobre lo que la ciudadanía opina de sus propuestas.

A través de @Educacion2020, que cuenta con más de 60.000 seguidores, la fundación tiene un contacto bastante fluido con la ciudadanía. Los mensajes son diarios en los días laborales, y hay una persona dedicada a la tarea de enviarlos y a la gestión de las páginas de E2020 en internet. Como ejemplo de la actividad del Twitter, se pueden considerar dos días seleccionados al azar. El 2 de mayo de 2011 se cuentan 16 mensajes y el 22 de agosto del mismo año, 17. A través de esta aplicación, la fundación comunica sus posturas, informa sobre actividades que sus miembros realizarán, da difusión a información sobre temas de educación o la postura de otros actores del sector, y además tiene un diálogo permanente con ciudadanos que comentan sobre las posturas de E2020. En esa lógica dialogante, durante 2010 E2020 intentó utilizar la aplicación para generar un debate sobre educación (*La Tercera* 7/10/2010).

Facebook

E2020 también se incorporó a otros espacios de internet. El primero de ellos es Facebook. En un inicio se creó un grupo, pero éste tuvo un crecimiento tal que superó el límite de 5.000 miembros, lo que obligó a crear una página a la cual las personas pueden adherir a través de la aplicación "Me gusta". De acuerdo con el director social de E2020, si bien esta solución permitió continuar con la presencia en Facebook, ha presentado algunas limitaciones para la comunicación, pues las páginas no dan tantas opciones para el debate como un grupo.

E2020 también ha usado Facebook para lanzar campañas temáticas, como *No + negociados con las carreras de Pedagogía*, en la que se denunció la mala calidad de la formación de docentes por parte de universidades privadas e institutos profesionales, un tema central para el movimiento desde su inicio, y se exigió que los docentes titulados den una prueba de habilitación, para demostrar contar con un mínimo de conocimiento para ser habilitados para ejercer docencia en las escuelas. La campaña prometió recopilar todos los comentarios puestos en Facebook por la ciudadanía y, al igual que en la campaña que dio origen al grupo, hacerlos llegar a las autoridades (*La Tercera* 27/4/2010).

YouTube

El otro canal utilizado por E2020 es YouTube. Aquí, la fundación sube videos promocionales de las campañas que ha realizado, además de videos que sus miembros graban con mensajes para grupos específicos. Por último, existe una cantidad de apariciones de sus miembros en canales de televisión abierta y de pago. La masividad de este canal es menor, hacia finales de agosto de 2011 cuenta con 208 suscriptores y los 40 videos han sido reproducidos 7.901 veces.

Parece ser que el canal ocupa un rol complementario, y su función sería la de actuar como un espacio de almacenamiento de los videos que se colocan en los otros canales antes mencionados. Ello cobra sentido si se contrasta que Twitter y Facebook cuentan con una persona encargada de contestar los comentarios y generar contenidos, mientras que los videos de YouTube son escasamente comentados, y los textos dejados por los usuarios no tienen respuesta.

Otro sitio: www.entusmanos.cl

Los problemas surgidos a raíz de las dificultades que presentó el sitio de la fundación para poder desarrollar aplicaciones de comunicación con la ciudadanía, no se enfrentaron solamente con el uso de Twitter y Facebook. Adicionalmente, se tomó la decisión de crear un nuevo sitio web (*www.entusmanos.cl*), con el objetivo de desarrollar aquellas aplicaciones que no era posible incorporar en *www.educacion2020.cl*. Presentado en octubre de 2010, es una de las tantas campañas que E2020 ha desarrollado desde su creación en septiembre de 2008. Este segundo sitio indica una meta precisa: convertirse en "el sitio de activismo ciudadano de Educación 2020". Como se muestra a continuación, el sitio dice bastante del carácter de la fundación y el tipo de relación que espera establecer con sus adherentes. Al respecto, se afirma que cree "...firmemente que los ciudadanos informados y empoderados pueden y deben presionar por cambios en la educación chilena". En un llamado al ciudadano, la fundación indica que eso se puede lograr de la siguiente forma:

1. "Informándote sobre las noticias relevantes en educación, pues mientras los ciudadanos estén informados y conscientes del panorama de nuestra educación, podrán exigir cambios.

2. Realizando distintas acciones para difundir información relevante sobre la educación y las propuestas de Educación 2020.

3. Adhiriendo a Educación 2020, un movimiento ciudadano –compuesto por más de 70.000 adherentes– que busca mejorar la calidad y equidad de la educación a través del impulso de cambios en sus políticas públicas".

El sitio está concebido en base a tres secciones. La sección *Infórmate* está dedicada a la comunicación de noticias de interés para los ciudadanos respecto a materias educativas, las cuales pueden ser seguidas en el mismo sitio, además de otras aplicaciones como RSS, Facebook o Twitter.

Actúa coloca una serie de recursos a disposición de los adherentes de E2020. Un primer tipo es un conjunto de tres manuales. Dos de ellos, elaborados por UNICEF, buscan guiar a los padres en la crianza de niños entre 4 y 10 años u orientarlos en el proceso de regreso a clases de sus hijos. El tercero es una guía para que los estudiantes que van a entrar al nivel universitario sepan cómo postular a instituciones educativas acreditadas frente a las agencias estatales. El segundo tipo de recurso a disposición de los adherentes es un conjunto de medios de información. La última parte de *Actúa* recopila información de doce organizaciones no estatales que, de alguna forma, actúan en el terreno de la educación. En ella se presentan las principales referencias sobre cada uno de estos proyectos y se entrega el *link* de los respectivos sitios web.

La sección *Adhiérete* indica que E2020 es un movimiento ciudadano que impulsa cambios en las políticas educativas. Aquí se afirma que adherir a la fundación significa dar un "apoyo simbólico" a las propuestas plasmadas en el documento *Se acabó el recreo*. Este apoyo se materializa inscribiéndose en un formulario en el que las personas deben ingresar sus datos personales para ser parte de la base de datos de E2020.

Campañas ciudadanas a través de diversos medios de comunicación

La fundación ha sido capaz de acceder a distintos canales de comunicación, con la ayuda de, entre otros, el aporte en trabajo y espacios gratuitos cedidos por agencias de publicidad, consultoras de comunicación y medios de prensa.

El año 2009, por ejemplo, la actividad no quedó restringida a la red. En mayo, E2020 lanzó una campaña televisiva en canales de televisión abierta (*El Mercurio* 25/5/2009, *La Tercera* 23/6/2009) y en enero de 2010 presentó otra, con el apoyo del Canal del Fútbol, una señal *pay per view* que tiene la exclusividad de la transmisión del fútbol profesional(*La Tercera* 29/1/2010). Esta campaña es interesante por dos cuestiones. La primera es el grado de crecimiento de una organización que, tras un año de vivir en internet, fue capaz de presentar sus propuestas en los medios más importantes del país. La segunda cuestión interesante es que esta iniciativa demuestra la capacidad que tiene E2020 para lograr apoyos de otras instituciones. La campaña fue desarrollada por una agencia de publicidad que aportó su trabajo sin cobrar. Igualmente, los canales de televisión cedieron gratuitamente espacios para la transmisión de los *spots*. Además, en la campaña del *Canal del Fútbol* participaron dos jugadores de la selección chilena de fútbol.

Durante su primer año de existencia, la fundación desplegó otras acciones de promoción. Entre ellas se cuenta una serie de intervenciones que tuvieron como característica central el llevar las ideas de E2020 a la calle, con especial énfasis en lugares de circulación masiva. El metro de Santiago, el principal medio de transporte de la capital de Chile, fue un lugar regularmente visitado. Ahí se realizaron intervenciones urbanas, y en agosto de 2009 se inició una campaña de captación de miembros, logrando en una semana captar 4.000 adherentes. En este mismo lugar, y en las calles de la capital, se implementó una campaña publicitaria.

Aunque E2020 no trabajó solamente a través de internet, la fundación ha utilizado la red de forma preferente. Por ejemplo, durante 2009, a través de *www.educacion2020.cl* se intentó contactar voluntarios para apoyar a los grupos que E2020 conformó en las distintas ciudades de Chile. También se levantó una consulta en la cual se les preguntó a los ciudadanos si adherían a las distintas iniciativas de la fundación, y en diciembre de 2009 se abrió una ventana de participación para aportar ideas para la conformación de la agenda 2010-2014. Adicionalmente, se organizó una campaña que tuvo como objeto que los ciudadanos presionaran a los parlamentarios para que estos últimos apoyaran el aumento presupuestario para la educación. Para ello, E2020 hizo público cada uno de los medios mediante los cuales se podía establecer contacto con los congresistas (teléfono, mail, Facebook, Twitter).

Durante 2010, las campañas a través de internet continuaron. Junto al lanzamiento de *www.entusmanos.cl* analizado más arriba (*La Tercera* 29/1/2010), en el contexto post terremoto E2020 buscó que la ciudadanía apoyara el trabajo del MINEDUC. Las comunicaciones en Chile no funcionaban de forma regular, lo que impedía que el gobierno central pudiera establecer comunicaciones con todo el territorio. El ministerio necesitaba realizar un catastro de las condiciones de las escuelas entre la sexta y la octava región del país. A través de *www.educacion2020.cl/escuelas,* E2020 puso a disposición de la ciudadanía un mapa que identificaba las escuelas del país y un formulario creado por el ministerio para realizar una evaluación de la infraestructura de estos establecimientos. La idea era que los ciudadanos imprimieran el formulario, asistieran a las escuelas para incorporar los contenidos requeridos y luego enviaran la información a E2020, que la haría llegar finalmente al MINEDUC (*La Tercera* 4/3/2010). Esta campaña no funcionó como se esperaba, principalmente porque el número de personas que enganchó no fue muy alto, y porque debían asistir a los colegios a título personal, provocando desconfianza entre los encargados de los establecimientos.

En 2011, E2020 comenzó una nueva campaña que busca recaudar fondos para el funcionamiento de la fundación. Es la primera vez en dos años que se solicita apoyo económico a los ciudadanos. La recolección de fondos se realiza a través de internet, usando una plataforma propiedad de la Tesorería General de la República, la agencia estatal encargada de gestionar los recursos financieros del Estado. La utilización de esta plataforma fue fruto de los contactos políticos de los miembros de la fundación. Ello permitió que la tesorería ofreciera el uso de este medio de manera gratuita.

Equipo de trabajo y las acciones desarrolladas para maximizar el uso de internet

La importancia que internet tiene para E2020 se aprecia en la forma en que la fundación destina recursos de distinto tipo al trabajo en la red. Existe un equipo de trabajo de tres personas cuya función es "posicionar la marca" en internet. Este grupo está conformado por una encargada de prensa, una editora de medios digitales y una persona encargada de operar Twitter y Facebook. Una cuestión de interés para este equipo es "fidelizar adherentes", lo que se ha materializado en un contacto permanente entre E2020 y sus adherentes, a través del envío de boletines electrónicos y la implementación de una política de responder todas las consultas o comentarios que lleguen a través de la red.

Este equipo de trabajo también desarrolla comparaciones con otras organizaciones no estatales que actúan en la red. En el último tiempo, el director social se ha dedicado a buscar estudios internacionales sobre uso de internet por parte de movimientos sociales, especialmente en términos de seguidores en Twitter y Facebook. A partir de esos resultados, evalúan si están usando estos medios de la mejor forma o si, al contrario, requieren explotar más su potencial.

Como resultado de estas comparaciones, el equipo de trabajo consideró que el uso que estaban haciendo de Facebook no era el óptimo, pues el número de seguidores era menor al de otras organizaciones. Para solucionar este problema, lanzaron la campaña temática *No + negociados con las carreras de Pedagogía*. Sin embargo, no tuvo un éxito muy marcado, pues hasta septiembre de 2011, casi 2.900 personas adhirieron a la iniciativa, una cifra menor a la del sitio de la fundación en Facebook.

E2020 también coloca recursos financieros para mejorar su uso de la red. En la actualidad, paga por el uso de un software que entrega estadísticas sobre el porcentaje de apertura de los mails masivos que la fundación envía. Este programa incluso identifica a las personas que abrieron los correos. Esta herramienta es útil para la fundación, toda vez que les entrega tasas de apertura y les da la posibilidad de tomar nuevas acciones, como por ejemplo reenviar el mensaje a aquellas personas que no lo abrieron.

¿DE INTERNET A LA ESFERA INSTITUCIONAL?

En esta sección la atención está puesta en la forma en la que se han desarrollado los contactos entre E2020 y los actores que forman parte de la institucionalidad política chilena, de forma de conocer cómo ha actuado el movimiento en las esferas de poder. De igual forma, interesa saber si esa inserción se debe a la vida de la fundación en internet o si responde a otras cuestiones, como los contactos políticos de sus miembros. Para ello, se trabaja con la percepción que autoridades de gobierno y parlamentarias tienen sobre el movimiento y su impacto en el debate educativo.

Las relaciones de Educación 2020 con el MINEDUC y el Congreso

Como se mencionó anteriormente, la columna de Waissbluth que desencadenó la organización de E2020 se publicó el 21 de agosto de 2008 en *Qué Pasa*. El 16 de septiembre, los miembros fundadores de la idea visitaron la Comisión de Educación de la Cámara de Diputados, que les extendió una invitación para que pudieran presentar su proyecto. Al finalizar la sesión, los parlamentarios acordaron "respaldar oficialmente la propuesta del movimiento Educación 2020" y organizar una serie de seminarios para discutir los puntos contenidos en ella. También se destacó que un par de semanas después fue la ministra de Educación, Mónica Jiménez, la que los recibió para conocer la propuesta e intercambiar ideas. Esos contactos no se agotaron después de la irrupción inicial del movimiento. El 11 de marzo de 2009, la Comisión de Educación del Senado se sumó al interés por conocer las propuestas del movimiento, e invitó a Mario Waissbluth a exponer sobre el tema. Durante ese mismo año, la presidenta Bachelet también les concedió una audiencia.

Estas reuniones no fueron protocolares. Más bien ellas muestran que E2020 logró ser considerado como un actor que algo tenía que decir respecto a materias educativas. Por lo mismo, durante 2009 y 2010, Mario Waissbluth y otros miembros de la fundación han sido invitados por las comisiones de Educación de ambas cámaras legislativas para presentar su opinión sobre los proyectos de ley que buscaban crear un Sistema Nacional de Aseguramiento de la Calidad de la Educación Parvularia, Básica y Media, y el que pretendía introducir innovaciones en el esquema de subvenciones por alumno pagadas por el Estado a las escuelas públicas y subvencionadas. De igual forma, en el año 2009, el movimiento pudo participar en la comisión parlamentaria respectiva a cargo del debate sobre el presupuesto del MINEDUC.

En resumen, entre 2008 y 2010, E2020 participó en seis sesiones de las comisiones de Educación de la Cámara de Diputados y del Senado. El porcentaje de sesiones en las cuales E2020 participó en cada año es bajo, si se considera que durante 2009 hubo 36 sesiones de la Comisión de Educación de la Cámara de Diputados y 46 de la del Senado, mientras que en 2010 hubo 39 sesiones en diputados y 23 en el Senado. Por otra parte, E2020 asisitió a las sesiones en calidad de un actor entre varios otros a los que hay que escuchar sobre ciertas materias, sin desmedro de haber logrado el respaldo a sus propuestas mencionado más arriba en 2008. Por ejemplo, los miembros de E2020 fueron invitados junto a otros expertos educativos a varias de las sesiones. A eso se agrega que, en sesiones anteriores y posteriores a las que fueron invitados representantes de la fundación al Senado, acudieron también varios investigadores en políticas educativas ajenos a E2020. Ello lleva a cuestionarse cuál es el peso particular del movimiento en el debate parlamentario.

Aparte de los contactos en las sesiones de las comisiones de Educación, E2020 mantiene un fluido contacto con los parlamentarios, que es fruto de los esfuerzos que la fundación hace en esa línea. Por una parte, cuentan con una asesora legislativa que asiste, de forma regular, a las sesiones de la comisión de la Cámara de Diputados y la del Senado, y envía informes al *staff* de E2020. Por otra parte, la fundación se ha preocupado por mantener reuniones regularmente con bancadas parlamentarias, además de contactar a los congresistas vía correo electrónico y hacerles llegar informes técnicos para aportar al debate legislativo.

Si la atención pasa desde el Congreso al Ejecutivo, durante el gobierno de Bachelet se encuentran hechos que permiten pensar que E2020 tuvo un trato preferencial. Por una parte, está la disposición de la ministra y la presidenta de recibirlos e, incluso, firmar un acuerdo de cooperación. En aquella ocasión se estableció un protocolo que incluyó cuatro puntos de interés: la formación de directores de escuela; el establecimiento de becas para el estudio de la pedagogía; la acreditación de las carreras profesionales de Pedagogía; y revisar la carga de trabajo de los maestros en el aula (*La Tercera* 7/1/2010; *El Mercurio* 8/1/2010; *La Nación* 8/1/2010).

En marzo de 2010, Chile cambió la coalición de gobierno por primera vez desde 1990. La derecha asumió el gobierno tras veinte años de gobiernos de la Concertación. Este cambio pudo haber afectado a E2020, sobre todo por los vínculos de Waissbluth y la directora ejecutiva de la fundación, Adriana Del Piano, con la saliente coalición. En la fundación señalan que, en los primeros meses del nuevo gobierno, el ministro de Educación Joaquín Lavín no los recibió. Sin embargo, finalmente pudieron acceder a él, dicen en E2020, gracias a la presión que se generó desde Twitter.

El por qué de la irrupción de Educación 2020 en el debate de políticas educativas

Ahora, cabe preguntarse si el acceso que E2020 ha tenido a los espacios de decisión política se debe a internet, como pareciera sugerir la anécdota referida por un miembro de la fundación acerca del efecto de la presión generada vía Twitter. Todos los actores clave consultados en esta investigación concuerdan en que internet jugó un papel importante para posicionar a E2020 como un referente educativo. Adicionalmente, tanto parlamentarios como autoridades de gobierno estuvieron al tanto respecto del impacto que el movimiento, en sus fases iniciales, iba teniendo en la red.

Sin embargo, algunos de estos actores dan señas que permiten pensar que internet no ha jugado un rol fundamental para que E2020 llegara a los espacios de discusión. Más bien, dicen, es

Mario Waissbluth y sus redes de contacto que sí juegan un papel clave. Por ejemplo, las primeras reuniones con el MINEDUC fueron facilitadas por el entonces subsecretario de Educación, Cristián Martínez, quien integró con Waissbluth desde el año 2006 el Club de la Innovación. Un parlamentario comparte ese juicio. En su opinión, E2020 ha podido entrar al debate gracias a que Waissbluth logró resumir un sentimiento preexistente de malestar respecto a la educación chilena. Este legislador va más allá, y afirma que las comisiones solamente escuchan a Waissbluth. En E2020 también reconocen que los contactos políticos y el respeto que genera el líder del movimiento han sido fundamentales para ingresar al debate, pero también rescatan la claridad del mensaje, la ventaja de contar con un vocero capaz de comunicarlo, y el impacto que tuvieron en la prensa e internet.

Aunque los actores consultados en el gobierno y el Congreso tienden a calificar a E2020 como uno de los menos influyentes en el campo educativo, comparado con los principales actores del dominio –las organizaciones de estudiantes, el Colegio de Profesores o la Asociación Chilena de Municipalidades– es destacable que una fundación relativamente pequeña llegue a acceder a los espacios más altos de discusión de política, e incluso firme acuerdos con el gobierno de Bachelet. Una posible explicación a este logro puede estar en el hecho de que los actores políticos reconocen a E2020 como un organismo especializado en políticas educativas, que les entrega insumos para poder analizar las materias en discusión en el Congreso. Es decir, como plantea un entrevistado, es bienvenido que aparezca un nuevo centro de estudios que entregue datos y propuestas.

A MODO DE CONCLUSIÓN: LAS CARACTERÍSTICAS DE EDUCACIÓN 2020 Y EL DEBATE SOBRE LAS POSIBILIDADES DE INTERNET PARA LA PARTICIPACIÓN SOCIAL

A lo largo de este trabajo se ha descrito cómo E2020 irrumpió en el campo educativo chileno, cómo se transformó en un actor visible en los medios de prensa y para el mundo político, y se analizó cómo este movimiento se ha relacionado con el MINE-DUC y el Congreso. En esta sección se presentan las conclusiones de la investigación, centrando la atención en tres cuestiones. La primera de ellas es el carácter de E2020 como grupo experto, su trayectoria y los recursos que han permitido que se convierta en un actor en la discusión sobre educación en Chile. Con posterioridad, se analiza por qué han sido considerados en la discusión, haciendo especial referencia al uso de internet y a la existencia de otros elementos explicativos. Para finalizar, se plantea un debate más amplio, respecto a qué aporta este caso al análisis del uso de internet por parte de los movimientos sociales.

El grupo surgió como una asociación temporal con el fin de contar con una identidad para apoyar las ideas que Mario Waissbluth, un académico reconocido por la opinión pública, iba a plantear en un programa de televisión. E2020 nació con una agenda, y con el propósito de hacer llegar sus propuestas a las autoridades. Internet se incorpora con el objetivo expreso de recopilar apoyos a esa agenda.

El éxito explosivo del movimiento, expresado en el apoyo de 15.000 personas en una semana, junto al respaldo de la Comisión de Educación de la Cámara de Diputados a sus propuestas, llevaron a que E2020 dejara de ser una estructura temporal para constituirse en una organización formal, gracias a la cual obtuvieron aportes monetarios, concesiones de locales y servicios. De ser un movimiento con agenda y un grupo de adherentes pasó a constituir una fundación, con un directorio integrado por personeros con redes políticas.

Además, este cambio significó una complejización del uso de internet. La red dejó de ser solamente un medio de captación de adherentes. A partir de ese momento se la concibió como un canal para difundir el trabajo de E2020 y obtener apoyos distintos al mero registro en las bases de datos. Se pasó a fomentar el voluntariado, el apoyo a las campañas y la obtención de recursos económicos. Asimismo, se profesionalizó el uso de la red, gracias a la inversión de recursos en software y la conformación de un equipo de trabajo permanente y dedicado exclusivamente a potenciar la presencia en internet.

El ingreso a los espacios de discusión de políticas responde a algunos factores descritos en la sección anterior, como el respeto que la figura de Waissbluth genera dentro del ámbito político, las redes de contacto de los personeros de E2020, la convergencia entre sus propuestas y las políticas del MINEDUC, además de la posibilidad que para el MINEDUC significó considerar a un grupo con una agenda de trabajo contraria a la del Colegio de Profesores. Otro aspecto fundamental es que E2020 cuenta con la capacidad de desarrollar propuestas fundamentadas en un lenguaje técnico, y convertirlas en lineamientos de acción. Ello resulta relevante en un contexto como el chileno, en el cual la discusión política se ha ido tecnocratizando y se ha convertido en un filtro para determinar cuáles son los movimientos sociales capaces de entrar a discutir en la esfera pública (Márquez 2010).

Si del ejemplo de E2020 se puede extraer alguna conclusión práctica o alguna recomendación o "buena práctica", ella tiene relación con que los movimientos sociales no pueden esperar insertarse en los espacios de discusión de políticas públicas solamente gracias a utilizar internet de forma extensa y asegurar ahí altos niveles de apoyo. Al contrario, en este artículo se ha mostrado cómo el tipo de demandas y su relación con los discursos dominantes, la capacidad de articular propuestas reconocidas como un aporte técnico a la discusión y la existencia de redes políticas siguen siendo factores críticos de éxito.

De igual forma, este caso muestra que internet es útil para lograr colocar una idea en los medios de prensa y en la esfera pública, y ese logro, a su vez, permite obtener apoyos financieros y en trabajo, los que pueden tender a fortalecer la estructura organizacional y las capacidades de un movimiento social.

E2020 se formó a partir de un grupo de miembros de una elite intelectual política y graduados universitarios, que ya contaban con redes para acceder a instancias de discusión política y eran portadores de conocimientos suficientes para levantar propuestas en lenguaje técnico. Internet no cumplió la función de abrir canales de participación para la ciudadanía, sino que conectó las propuestas de este grupo con la ciudadanía y las dotó de una dimensión ciudadana. Así, gracias a internet, E2020 no entró al debate como un grupo de intelectuales y expertos, sino como un movimiento social, aunque no quede claro que lo sea.

Parece ser entonces que las TIC permiten hacer un trayecto según el cual grupos de personas con agendas técnicas de políticas son capaces de ir, gracias a internet, en búsqueda de apoyos para darles legitimidad, a través del apoyo ciudadano, a propuestas definidas en base a criterios técnicos.

REFERENCIAS BIBLIOGRÁFICAS

Aguilera, C. 2007. "Participación ciudadana en el gobierno de Bachelet: consejos asesores presidenciales". *América Latina Hoy* 46: 119-143.

Araya, E. y D. Barría. 2008. "Modernización del Estado y gobierno electrónico en Chile 1994-2006". *Buen Gobierno* 5: 80-03.

----------------------------. 2009. "E-participación en el Senado chileno. ¿Aplicaciones deliberativas?". *Convergencia. Revista de Ciencias Sociales* 52: 239-268.

----------------------------. 2010. *E-Goverment and citizen participation in Chile*. En *Politics, democracy and e-government: participation and service delivery*, editado por Reddick, C. Hershey: IGI Global.

Araya, E., D. Barría y G. Campos. 2009. *Internet and political parties in Chile*. En *Systems thinking and e-participation: ICT in the governance of society*, editado por Córdoba-Pachón, J.R. y A.Ochoa-Arias. Hershey: IGI Global.

Araya, E., D. Barría y O. Drouillas. 2009. *Sindicatos y políticas públicas en Argentina, Bolivia, Brasil, Chile y Venezuela. Balance de una década (1996-2004)*. Santiago: Editorial Universitaria.

Castells, M. 1997. *La era de la información. Economía, sociedad y cultura. Volumen 2 - El poder de la identidad*. Madrid: Siglo XXI.

--------------------. 2000. *La galaxia internet*. Madrid: Plaza y Janés.

Colombo, C. 2006. "Innovación democrática y TIC, ¿hacia una democracia participativa?". *Revista de Internet, Derecho y Política* 3: 28-40.

Costafreda, A. 2004. *Determinismo institucional versus determinismo tecnológico: TICs y representación política en Chile y España*. Documento inédito presentado al Seminario e-governance, Doctorado de Sociedad de la Información, Universidad Oberta de Cataluña.

Dahl, R. 1985. *Análisis político actual*. Buenos Aires: EUDEBA.

Davis, R. 2001. "Tecnologías de la comunicación y democracia: el factor internet". *Cuadernos de Información y Comunicación* 6: 9-32.

De la Cuadra, F. 2007. "Conflicto social, hipergobernabilidad y participación ciudadana. Un análisis de la 'Revolución de los Pingüinos'". *Polis. Revista de la Universidad Bolivariana* 5 (16).

Delamaza, G. 2009. *Participation and mestizaje of state-civil society in Chile*. En *Widening democracy. Citizens and participatory schemes in Brazil and Chile*, editado por Silva, P. y H. Cleuren. Leiden: Brill.

Deutsch, Karl. 1976. *Política y gobierno*. México: Fondo de Cultura Económica.

Eyzaguirre, B. y L. Fontaine. 2008. *Las escuelas que tenemos*. Santiago: Centro de Estudios Públicos.

Jensen, J. 2003. "Virtual democratic dialogue? Bringing together citizens and politicians". *Information Polity* 8 (1-2): 29-47.

Kingdon, J. 2003. *Agendas, alternatives and public policies*. New York: Logman.

Luna, J. P. 2008. *Partidos políticos y sociedad en Chile. Trayectoria histórica y mutaciones recientes*. En *Reforma a los partidos políticos en Chile*, editado por Fontaine, A. et. al. Santiago, Chile: UNDP, CEP, Libertad y Desarrollo, Proyectamerica y CIEPLAN.

Martí, J. L. 2008. "Alguna precisión sobre las nuevas tecnologías y la democracia deliberativa y participativa". *Revista de Internet, Derecho y Política* 6: 3-12.

Márquez, R. 2010. *La 'medida' de lo posible: cuantificación y esfera pública en Chile.* Tesis de doctorado, Universiteit Leiden, Holanda.

Mizala, A. 2007. *La economía política de la reforma educacional en Chile.* Serie Estudios Socio - Económicos 36, Corporación de Estudios para Latinoamérica (CIEPLAN). Santiago de Chile: CIEPLAN.

Nordlinger, E. 1981. *On the autonomy of the democratic state.* Cambridge: Harvard University Press.

Farvez, Z. 2006. "Informatization of local democracy: a structural perspective". *Information Polity* 11 (1): 67-83.

Fasquino, G. 1989. *Participación política, grupos y movimientos.* En *Manual de Ciencia Política*, compilado por Pasquino, G. Madrid: Alianza Editorial.

Ficazo, I. 2010. "La metamorfosis de la regulación pública en la educación escolar en Chile: hacia un Estado post-neoliberal. Pensamiento educativo." *Revista de Investigación Educacional Latinoamericana* 46 (1): 63-91.

Seaton, J. 2005. "The Scottish Parliament and e-democracy". *Aslib Proceedings* 57 (4): 333-337.

Setälä, M., y K. Grönlund. 2006. "Parlamentary websites: Theoretical and comparative perspectives", *Information Polity* 11 (2): 149-162.

Silva, P. 2008. *In the name of reason. Technocrats and politics in Chile.* University Park: Penn State University Press.

Smith, C., y W. Webster. 2004. "Members of the Scottish Parliament on the net". *Information Polity* 9 (1-2): 67-80.

Subsecretaría de Transportes (SUBTEL). 2010. "Encuesta nacional de consumidores de servicios de telecomunicaciones". Disponible en www.mtt.gob.cl/prontus_mtt/site/artic/20100203/asocfile/20100203144637/encuesta_subtel_2s_2009_prensa.pdf [1-3-2012].

Torres, R. 2010. *Juventud, resistencia y cambio social: el movimiento de estudiantes secundarios como un 'actor político' en la sociedad chilena post-Pinochet (1986-2006).* Disponible en halshs.archives-ouvertes.fr/docs/00/49/88/69/PDF/RodrigoTorres.pdf [30-1-2012]

LN (United Nations). 2003. *World Public Sector Report 2003. E-Government at the crossroads.* New York: United Nations.

Valenzuela, J. M., P. Labarrera y P. Rodríguez. 2008. "Educación en Chile: entre la continuidad y las rupturas. Principales hitos de las políticas educativas". *Revista Iberoamericana de Educación* 48: 129-145.

Valenzuela, J. S. 1991. "Labor movements and political systems: A conceptual and typological analysis". *Working Paper* 167 December, The Hellen Kellogg Institute for International Studies, University of Notre Dame.

3. WEB 2.0 PARA INCIDIR EN EL SECTOR DE LAS TIC EN EL PERÚ

Jorge Bossio

INTRODUCCIÓN

Uno de los proyectos albergados por la iniciativa Impacto 2.0 fue el "laboratorio" peruano para vincular TIC y políticas públicas, un proyecto que utilizó experimentalmente diversas herramientas de las redes sociales para vincular la investigación y las políticas en el área de las telecomunicaciones, en particular en la iniciativa gubernamental para desarrollar un plan nacional de banda ancha en el Perú. La investigación enfocó los problemas y las posibilidades que plantea el uso de servicios de red social en el marco de una campaña informativa y de incidencia diseñada para impactar sobre la formulación de la política peruana sobre banda ancha.

Para planificar y evaluar esta experiencia se utilizó el marco de análisis propuesto por el *Overseas Development Institute* (ODI), contexto, evidencia y vínculos (Crewe y Young 2002). Es así que la intervención se elaboró a partir de los siguientes componentes: (i) análisis del contexto y selección del tema; (ii) elaboración e implementación de la estrategia, enfocada en el desarrollo y el uso de herramientas web 2.0 para vincular evidencia científica con procesos de toma de decisión; (iii) consolidación de los vínculos establecidos entre redes de investigación, activismo y decisión sobre políticas públicas y, finalmente, (iv) evaluación de la intervención.

La intervención planificada buscaba influir sobre las políticas que regulan las tecnologías de la información y la comunicación (TIC), por lo que se procedió a analizar el contexto de estas políticas en el Perú (es decir, las políticas y leyes existentes, las instituciones y otros actores relevantes para la definición política del tema). Luego se decidió un tema específico sobre cuya regulación se quería incidir: los modelos de implementación de la política nacional de banda ancha, y al análisis de ese contexto particular se agregó la recolección y el estudio de la evidencia académica sobre la que se apoyaban las distintas partes interesadas para sustentar sus posturas.

Como se observará más adelante, la primera etapa de la estrategia fue la de hacer visible para la sociedad peruana el debate que se estaba desarrollando a nivel gubernamental sobre el tema. Asimismo, se buscó que las discusiones de ese debate se integraran a otras discusiones relacionadas con las TIC para el desarrollo (como la Agenda Digital Peruana[1], por ejemplo) y no quedaran circunscritas al trabajo interno de la comisión formada por el gobierno para ocuparse de la política de banda ancha.

Posteriormente se implementó la segunda etapa, cuyo carácter fue más activo: se trató de hacer llegar a los grupos de interés y a las autoridades evidencia académica complementaria y alternativa a la que se manejaba en la comisión, a fin de que la tuvieran en cuenta en la elaboración de las propuestas.

La etapa final de la estrategia estableció un cambio de enfoque: en lugar de buscar un espacio para ser escuchados, planteamos ofrecer un espacio para que todos pudieran exponer sus posiciones. A las acciones tendientes a hacer visible el tema y

---

1 La Agenda Digital es un proceso multisectorial que establece el plan nacional para la sociedad de la información en Perú.

a difundir evidencia alternativa para incidir en su regulación, se añadió una serie de actividades participativas. De esta forma las voces se multiplicaron, y se logró mayor interés por parte de actores que tradicionalmente rechazan el debate abierto y la discusión. En esta etapa fue fundamental la producción audiovisual, la realización de reuniones, y la participación activa en foros y eventos en los que se discutieron temas relacionados con la campaña.

Aquí se detalla el proceso de la investigación realizada partiendo de un análisis del contexto, la revisión de los actores involucrados y los discursos que éstos se apropian y difunden (Bossio 2010a). Luego se describen las etapas de la estrategia seguida y las decisiones que se adoptaron durante el desarrollo de la campaña. El documento concluye con una reflexión respecto del potencial de las redes sociales para facilitar procesos de incidencia en la toma de decisiones.

ÁREA TEMÁTICA Y EVIDENCIA

Selección del tema de política sobre el que se buscaba influir

En primer lugar se decidió concentrar el esfuerzo en un único proceso de decisión sobre políticas de TIC que se esperaba se desarrollaría durante 2011. Con esa restricción se apuntó a poder establecer y mantener contactos, desde el inicio de la intervención, con los actores relevantes del proceso hacia los que se iba a orientar la campaña.

Para determinar los temas prioritarios de la agenda del gobierno sobre TIC fue necesario realizar una encuesta inicial a un grupo abierto de más de 80 expertos y profesionales vinculados al sector. A partir de esos aportes se concluyó que, entre las definiciones que estarían procesándose a nivel gubernamental en el área en el corto plazo, la principal era la referida a la implementación de la red dorsal de banda ancha. (Otras políticas contempladas fueron la ley de protección de datos personales y algunos aspectos de la regulación de la telefonía móvil, como la preselección del portador internacional y la reducción de los cargos de interconexión).

El gobierno peruano había reconocido la importancia de la banda ancha en la competitividad del país, al igual que su potencial para apoyar la inserción de éste en la economía globalizada e impulsar su crecimiento económico y social[2], y en 2010 creó una comisión multisectorial temporal con el encargo de elaborar un "Plan nacional para el desarrollo de la banda ancha en el Perú" (PNBA).

La primera de las recomendaciones hechas por la comisión indicaba la necesidad de "disponer de infraestructura y una oferta de servicios adecuados para el desarrollo de la banda ancha a nivel nacional". Esta disposición reviste suma importancia, no sólo por ser una alternativa que requiere fuertes inversiones por parte del Estado y el sector privado, sino también porque el diseño institucional y regulatorio que acompañara la implementación de la infraestructura condicionaría el desarrollo futuro del mercado de las telecomunicaciones en el Perú.

El mensaje que se buscó transmitir a través de la campaña enfocaba la importancia de que la red dorsal de banda ancha fuera implementada de manera adecuada. Es decir, se buscó aportar evidencia académica sobre las virtudes y defectos de los distintos modelos de implementación posibles, para incidir en una mejor decisión final apoyada en sustento empírico.

Para conocer los temas centrales del debate sobre la implementación de la red dorsal de banda ancha se consultó a expertos de la sociedad civil y de la academia, a través de reuniones grupales y entrevistas personales realizadas con ese fin. También se buscó integrar en esas conversaciones al sector privado y al

---

2 Resolución Suprema 063-2010-PCM.

gobierno, pero inicialmente no se tuvo éxito en esa convocatoria. Posteriormente, sin embargo, ambos sectores buscaron participar en los ámbitos creados por nuestro proyecto, para que sus puntos de vista no quedaran sin ser expuestos.

Telecomunicaciones y banda ancha en el Perú

Durante los años noventa el Perú, junto con otros países de América Latina, emprendió un programa de reformas en los sectores de servicios públicos e infraestructura. A diferencia de los países desarrollados, el proceso de reforma en el Perú encontró un conjunto de restricciones: insuficiente infraestructura, tecnología obsoleta, escasez de recursos humanos, poca o inexistente información sobre la situación de las empresas de telecomunicaciones, un mercado financiero débil y un frágil marco legal e institucional (Bossio 2010a). Esta situación, que generaba un aumento en la percepción de riesgo de los inversionistas, llevó al gobierno a establecer más seguridad para las inversiones en los contratos de concesión (Abdala y Spiller 1999).

El proceso de reforma buscó liberalizar los mercados y promover la inversión privada necesaria para superar el atraso en los niveles de cobertura (Barrantes y Pérez 2006). A partir de 1994 se observaron importantes cambios en los flujos de inversión hacia el sector de las telecomunicaciones. Sin embargo, a pesar de este avance en las inversiones y el crecimiento sostenido del producto bruto interno durante casi 10 años, el Perú se encontraba en el año 2010 a la cola de la región en lo que se refiere al acceso a servicios de banda ancha[3].

---

3 La comisión muestra los resultados presentados en el informe "Barómetro Cisco de Banda Ancha 2009", que ubica al Perú en último lugar en Sudamérica con tan solo 2,9% de penetración de servicios de banda ancha.

Ideas dominantes y evidencia alternativa: el mensaje de la campaña

La comisión encargada de elaborar el plan para el desarrollo de la banda ancha en el Perú, creada por el gobierno en 2010, estaba conformada por actores del sector público y privado[4]. La comisión publicó tres documentos durante el periodo otorgado para su funcionamiento: *Diagnóstico sobre el desarrollo de la banda ancha en el Perú, Barreras que limitan el desarrollo de la banda ancha en el Perú*, y un documento explicitando su visión, metas y propuestas de política.

De acuerdo con el diagnóstico elaborado por la comisión[5], el rezago peruano en el acceso a servicios de banda ancha se debería principalmente a los siguientes factores: (1) bajo desarrollo de redes de transporte de datos y en particular de redes de fibra óptica; (2) dificultades para el despliegue de redes de acceso (relacionadas principalmente con normas municipales y de protección del patrimonio cultural y arqueológico); (3) restricciones en la disponibilidad de espectro radioeléctrico para el desarrollo de la banda ancha móvil; (4) sobrecostos regulatorios; (5) limitada competencia en el mercado y alta concentración; (6) altos costos de equipos y servicios de telecomunicaciones; (7) limitada generación de contenidos y aplicaciones digitales, incluyendo el gobierno electrónico, y (8) carencia de habilidades y capacidades de la población para el mejor aprovechamiento de las potencialidades de la banda ancha.

Pero también existe evidencia sobre otras razones para este li-

---

4 Sector público: viceministro de Comunicaciones (MTC), directora general de Regulación y Asuntos Internacionales de Comunicaciones (MTC), representante del Instituto Nacional de Investigación y Capacitación en Telecomunicaciones (INICTEL), representante de la Presidencia del Consejo de Ministros (Oficina Nacional de Gobierno Electrónico e Informática), representante del Organismo Supervisor de la Inversión Privada de Telecomunicaciones (OSIPTEL). Sector privado: representante de la Asociación para el Fomento de la Infraestructura Nacional (AFIN).

5 Comisión multisectorial temporal encargada de elaborar el "Plan Nacional para el Desarrollo de la Banda Ancha en el Perú". 2010. "Barreras que limitan el desarrollo de la banda ancha en el Perú". Lima: MTC.

mitado avance, como la baja asequibilidad de los servicios para la mayor parte de la población, resaltada como causa de rezago por informes publicados por la Comisión Económica para América Latina y el Caribe (CEPAL) (Jordan et al. 2010).

Para justificar la necesidad de un plan de banda ancha, el gobierno del Perú se apropió del discurso de los organismos multilaterales como el Banco Mundial, y consideró la banda ancha como "instrumento dinamizador del desarrollo y la competitividad"[6] en el informe de diagnóstico de la banda ancha en el Perú.

El informe de diagnóstico del gobierno peruano también cita como evidencia un artículo de CEPAL (2010), uno del Centro de Investigaciones en Telecomunicaciones de Colombia (CINTEL), los resultados de una reunión de la Asociación Iberoamericana de Centros de Investigación y Empresas de Telecomunicaciones (AHCIET) en 2010 y la a Declaración de la XIII Cumbre de Reguladores y Operadores REGULATEL-AHCIET.

Siendo éstas las fuentes utilizadas por la comisión, era de esperarse que el discurso imperante siguiera siendo aquel que proviene de las grandes empresas de telecomunicaciones, que utilizan foros como CINTEL y AHCIET para fortalecer sus procesos de cabildeo.

En lo referido específicamente al despliegue de una red dorsal de fibra óptica, el modelo imperante, defendido por las empresas de telecomunicaciones en general y por la empresa dominante en particular, pretende que la construcción y operación de la red esté a cargo de una empresa privada en función de las estimaciones de demanda desde una perspectiva privada. Este modelo presenta un conjunto de riesgos relacionados principalmente con las barreras a la competencia y el aumento de la concentración de mercado en los servicios de transporte, la demora en la implementación de servicios en áreas aisladas y las barreras para el ingreso de operadores locales y de nicho.

---

6 Comisión multisectorial temporal encargada de elaborar el "Plan Nacional para el Desarrollo de la Banda Ancha en el Perú". 2010. "Diagnóstico sobre el desarrollo de la banda ancha en el Perú". Lima: MTC.

Frente a este discurso, la evidencia que proviene de fuentes independientes no es muy abundante. Sin embargo, trabajos recientes de la red Diálogo Regional sobre la Sociedad de la Información (DIRSI) (Barrantes y Agüero 2010b) y CEPAL (Jordan et al. 2010) han ayudado a enriquecer la base de conocimientos sobre el tema. Es así que la campaña desarrollada por nuestro proyecto intentó introducir evidencia alternativa y complementaria a la manejada por la comisión. En particular, se trató de incidir en la política regulatoria a partir de estudios e investigaciones elaborados por la academia, pero que no habían sido integrados en los documentos producidos por la comisión, acerca de la necesidad de considerar otras barreras a sumar a las diagnosticadas, y alertar sobre los riesgos del modelo de implementación de la red dorsal de banda ancha apoyado por el discurso imperante.

CONTEXTO Y VÍNCULOS: LOS ACTORES INVOLUCRADOS

Para el modelo contexto, evidencia y vínculos, la identificación de los actores con capacidad de decisión o incidencia en una determinada política es de capital importancia. Se procedió entonces a realizar un mapa de las diversas partes interesadas en el despliegue de la red de banda ancha. Se consideraron tanto las entidades públicas con autoridad sobre el tema como las privadas con capacidad de influir, al igual que los grupos de la sociedad civil con interés y activismo en la temática. Entre estos últimos se identificaron los aliados potenciales para llevar adelante la campaña. Asimismo, se trató de establecer los vínculos entre los actores, en el sentido de las relaciones de poder y los conflictos de intereses entre ellos.

Los dos principales actores del sector público son el Organismo Supervisor de la Inversión Privada en Telecomunicaciones (OSIPTEL) y el Ministerio de Transportes y Comunicaciones (MTC). El organismo regulador (OSIPTEL) fue creado en 1991 como parte del proceso de privatización y reforma regulatoria del sector. Entre sus funciones se encuentra promover la inversión privada en telecomunicaciones, mantener y promover un ambiente de libre y leal competencia, y establecer una política de interconexión entre los operadores de servicios públicos de telecomunicaciones, entre otras. El MTC, en cambio, se encarga de fijar la política de telecomunicaciones y controlar sus resultados, otorgar y revocar concesiones, autorizaciones, permisos o licencias, y administrar el uso del espectro radioeléctrico, entre otras tareas. A partir del año 2007 la administración del Fondo de Inversión en Telecomunicaciones (FITEL), responsable de la política de acceso universal, depende del MTC. Otro actor relevante dentro del sector público es la Agencia de Promoción de la Inversión Privada (ProInversión) que tiene a su cargo la administración de los procesos de convocatoria a la inversión del sector privado. Finalmente, un actor clave en el sector, especialmente cuando se trata de implementar políticas que requieren modificaciones legales, es el Congreso de la República y particularmente la Comisión de Transportes y Comunicaciones y, en menor medida, la Comisión de Defensa del Consumidor y Organismos Reguladores de los Servicios Públicos. En la comisión multisectorial mencionada había dos representantes del MTC y uno del OSIPTEL[7].

Otra entidad pública que participa en el debate (con un representante en la comisión, aunque con limitada capacidad de influencia) es la Oficina Nacional de Gobierno Electrónico e Informática, que preside una comisión multisectorial encargada del seguimiento de las metas de la Agenda Digital Peruana.

Del lado del sector privado existen múltiples actores, sin embargo el grupo Telefónica y el grupo Telmex son los más influyentes. El primero es el operador dominante en todos los mercados de telecomunicaciones y el segundo es un importante competidor en el mercado de telefonía móvil y en comunicación de datos. Las empresas del sector utilizan para sus accio-

---

7 Ver nota 4.

nes conjuntas de incidencia la Asociación para el Fomento de la Infraestructura (AFIN)[8]. Un representante de esta asociación integraba la comisión.

Del lado de la academia también hay varios actores. El Instituto de Estudios Peruanos (IEP), en tanto miembro de la red DIRSI ha venido cumpliendo el papel de difundir la evidencia de sus investigaciones. Algunas investigaciones realizadas por el Consorcio de Investigación Económica y Social (CIES) y por el Grupo de Análisis para el Desarrollo (GRADE) han significado aportes importantes en el campo. A ellos hay que agregar también firmas consultoras, como Apoyo Consultoría, DN Consultores y Alterna, que aportan al debate en el sector y son agentes de incidencia indirecta cuando se presentan en los medios de comunicación.

Las organizaciones de la sociedad civil se encuentran atomizadas no sólo por el tamaño y capacidad de influencia de cada una sino por su incapacidad para articular una agenda común de trabajo. Por un lado se encuentra las asociaciones de consumidores, siendo las más fuerte la Asociación Peruana de Consumidores y Usuarios (ASPEC). También existe una incipiente red de activistas denominada ForoTIC Perú que agrupa a algunas CNG que han implementado proyectos de TIC para el desarrollo, entre ellas CEPES, Soluciones Prácticas ITDG e Ingenieros Sin Fronteras. No obstante, aún de manera dispersa, estas organizaciones han impulsado procesos de diálogo y reflexión sobre aspectos relacionados con las TIC para el desarrollo en el diseño e implementación de políticas públicas desde el año 2000, cuando se involucraron en el proceso de preparación de la Cumbre Mundial para la Sociedad de la Información.

Finalmente es importante señalar como actores de influencia a las fuentes de información utilizadas como sustento de las decisiones. Muchas veces se trata de estudios de firmas consultoras internacionales, pero a menudo son investigaciones que provienen de organismos internacionales como la Unión Interna-

---

8 www.afin.org.pe

cional de Telecomunicaciones, el Banco Mundial, el Banco Interamericano de Desarrollo y la CEPAL. También existen foros internacionales como el Foro de Entes Reguladores de Telecomunicaciones (REGULATEL), la Comisión Interamericana de Telecomunicaciones (CITEL), el Comité Andino de Autoridades de Telecomunicaciones (CAATEL) y el Grupo de Telecomunicaciones de APEC, cuyas discusiones, informes y acuerdos influyen en la agenda regulatoria peruana. Del lado del sector privado, la AHCIET junto a la Asociación GSM (GSMA) se muestran como las más influyentes.

Es preciso notar que, aun cuando sí había participación del sector privado en la comisión multisectorial a cargo del diseño del PNBA, no había ningún representante de la sociedad civil o la academia en dicha comisión, lo cual significó un importante reto para el proceso de incidencia.

ESTRATEGIA DE INCIDENCIA

Las estrategia planteada por el proyecto se sustentaba en la participación de los actores de la sociedad civil quienes, utilizando como base los trabajos académicos, desarrollarían una plataforma de acción y un discurso que se haría llegar a los tomadores de decisión.

El estudio de la evidencia alternativa, junto a las reuniones y entrevistas realizadas por nuestro equipo de investigación con investigadores académicos y activistas sociales, dieron lugar a la elaboración de resúmenes ejecutivos (*policy briefs*). A través de estos documentos y de su difusión en blogs y redes sociales buscábamos apuntalar a las redes de la sociedad civil para construir mensajes y recomendaciones puntuales, con base científica, para influir en los tomadores de decisiones.

Cabe señalar que si bien el uso de herramientas web 2.0 fue una decisión a priori, el trabajo nunca fue planteado únicamente a partir de redes virtuales. Para integrar a la sociedad civil a la campaña se buscó incorporar una red de activistas en TIC ya existente, el ForoTIC Perú[9].

La ocasión para intervenir

Un elemento que se evaluó como determinante para llevar adelante la intervención fue el hecho de que los dos primeros documentos elaborados por la comisión fueron sometidos a consideración pública y comentarios en sendos talleres de trabajo realizados en abril y julio de 2010. Además, la comisión sostuvo 42 reuniones a las que invitó a diversos actores y, mostrando así gran transparencia en su accionar, publicó las actas de dichas reuniones en su página web.

Sin embargo, a pesar de la existencia de estos espacios de participación, el proceso impulsado por el laboratorio peruano con el objetivo de involucrar a las redes de sociedad civil en una agenda de incidencia tuvo muchas dificultades.

La primera acción estuvo relacionada con el proceso de recepción de comentarios a la primera versión del PNBA, y consistió en una reunión presencial del equipo de investigación con representantes del ForoTIC Perú. Allí se presentó y discutió un documento borrador elaborado por nuestro equipo y se acordó la construcción de un documento en Googledocs, compartido por todos los participantes a la reunión, para el acopio de las sugerencias y recomendaciones que se harían llegar a la comisión. Como resultado de esta acción se logró un documento que fue alcanzado a la secretaría técnica de la comisión mediante un correo electrónico. Asimismo, se buscó visibilizar la existencia de esta colaboración entre académicos y activistas de la sociedad civil a través de las redes sociales.

---

9 Ver p. 76

Etapa de visibilización

Si bien se contó con actores de la sociedad civil para la elaboración del documento mencionado, consideramos que su participación fue escasa para el alcance que queríamos lograr, por lo que se decidió realizar una acción complementaria. Es así que se creó un blog en el cual cada tema específico del debate se presentó como una publicación separada a la que se podía comentar. Pero nuevamente la respuesta fue considerada escasa, entonces se optó por implementar una página basada en una plataforma *wiki*. Esa herramienta tampoco resultó atractiva para los participantes que se quería convocar, así que finalmente se optó por crear páginas en Facebook. Se crearon dos: una para el debate del PNBA y otra para la Agenda Digital Peruana, ya que ese proyecto incluía como primera estrategia la implementación de una red dorsal de banda ancha. Estas páginas sí fueron visibles, ya que no sólo dieron lugar a una mayor participación de la sociedad civil sino que los participantes oficiales en el debate también la tomaron en cuenta.

En efecto, durante una reunión de la comisión multisectorial un funcionario participante solicitó la presencia de los miembros de la sociedad civil que participaban en el debate en las redes sociales.

"El representante de OSIPTEL manifestó que sería importante contar con la opinión de quienes están efectuando una labor importante de discusión sobre la banda ancha en redes sociales del Internet (…) a fin que se les invite a una próxima reunión, en representación de la Sociedad Civil, para conocer sus comentarios y/o aportes al trabajo que viene desarrollando la Comisión"[10].

---

10 Acta de la reunión No. 34 de la Comisión Multisectorial disponible en: www.mtc. gob.pe/portal/proyecto_banda_ancha/ACTA%20REUNION%2034.pdf

Este fue probablemente uno de los principales logros del proyecto piloto: visibilizar las propuestas de la sociedad civil a través de las herramientas web 2.0.

Sin embargo, es importante señalar que el contenido publicado y comentado en la página de Facebook no fue conocido por los miembros de la comisión sino hasta el día de la reunión presencial a la que fuimos invitados, es decir, los miembros de la comisión se enteraron de la existencia de "un interesante debate en Facebook" pero no lograron ver directamente el contenido dado que existen restricciones en las oficinas del Estado para acceder a este tipo de páginas en internet[11].

Luego de la participación en la reunión de la comisión, se inició una segunda fase de la estrategia: difundir el mensaje hacia agentes de la sociedad que pudieran ejercer su influencia en el debate.

Etapa de difusión

La segunda etapa de la estrategia implementada buscaba compartir el mensaje con actores relevantes o potencialmente relevantes para el contexto de la decisión. El Perú se encontraba entonces en un periodo pre-electoral, situación que se consideró como una oportunidad para la campaña. Se realizó entonces una revisión de los planes de gobierno y de las propuestas de los principales candidatos relacionados con el sector de las telecomunicaciones en general y con el desarrollo de los servicios de banda ancha en particular, y se participó en reuniones organizadas por universidades que buscaban difundir los temas relacionados con ciencia y tecnología dentro del debate electoral. El objetivo de esta participación era conocer y dialogar con los técnicos que integraban equipos de elaboración de los planes de gobierno de los partidos políticos con más posibilidad de triunfar. Sin embargo este objetivo no se pudo cumplir dado que los técnicos en muy pocas ocasiones participaban directamente en

---

11. Ver capítulo 9 en este volumen.

los debates organizados por nuestro equipo, con la excepción del ingeniero Carlos Romero, quien había participado en la elaboración del plan de gobierno del partido Perú Posible, con quien se tuvo ocasión de coincidir en diversas oportunidades.

El periodo de la campaña electoral fue, entonces, prácticamente nulo para los fines del proyecto dado que la atención se encontraba centrada en otros problemas de la realidad nacional y las autoridades, que se sabían salientes porque el partido de gobierno había retirado su postulación, no tenían interés en reunirse y debatir temas relacionados con su gestión pasada.

Por esta razón, la segunda reunión de coordinación con la sociedad civil se da en el contexto de un nuevo gobierno electo, en un momento en el que las autoridades del sector no habían sido todavía nombradas o ratificadas. El encuentro se realizó como parte del proceso preparatorio del Foro de Gobernanza de Internet, y allí se distribuyó y debatió un documento de política sobre los modelos latinoamericanos relacionados con la implementación de redes dorsales de banda ancha (Bossio 2010b), tomando en cuenta que la principal estrategia planteada por la comisión se refería a ese tema.

La tercera reunión, realizada a inicios de octubre de 2011, ocurre cuando ya se han constituido las autoridades del sector. Las nuevas autoridades, tanto del sector telecomunicaciones (a cargo del PNBA) como de la presidencia del Consejo de Ministros (a cargo de la implementación de la Agenda Digital Peruana) se acercaron a la sociedad civil y a la academia para exponer sus planes y solicitar sus opiniones sobre la implementación de la red. Esto fue percibido por los actores involucrados como un buen gesto de apertura.

Un elemento importante que vale la pena destacar es la continuidad del equipo técnico tanto de OSIPTEL como del MTC, de forma tal que quienes lideraron el proceso en la última etapa del gobierno anterior se mantuvieron en el cargo al inicio del siguiente gobierno.

Etapa de participación

La mencionada continuidad post-electoral fue aprovechada por el equipo del proyecto para implementar la etapa de participación. Para ello se tomó la decisión de establecer una alianza con el portal de noticias *La Mula*, no sólo porque cuenta con un número importante de visitas (más de un millón de visitas únicas mensuales) y es uno de los 200 sitios web más visitados en Perú, sino también por el prestigio que obtuvo durante el periodo electoral, reconocido por Mario Vargas Llosa, Premio Nobel de Literatura 2011, en su columna semanal en el diario *El País* de España[12], al igual que por la Coordinadora Nacional de Derechos Humanos.[13]

Se aprovechó la plataforma de televisión por internet que se había montado allí durante el periodo electoral para que los periodistas independientes que no podían expresarse libremente en los medios en los que laboraban tuvieran un espacio para la libre expresión y difusión de las ideas. Ese espacio fue aprovechado por el proyecto creando un programa de televisión por internet que se llamó *Código Abierto*. A este programa fueron invitados los principales actores que formarían parte del debate luego de las elecciones y una vez conformados los equipos ministeriales, pero también participaron las empresas a través de un representante de la asociación AFIN, al igual que varios expertos y miembros de los colectivos de la sociedad civil. La oportunidad planteada para utilizar un espacio público para el debate de los contenidos del PNBA fue muy bien recibida. En efecto, los miembros de la comisión solicitaron a nuestro equipo que se realizara un programa especial de *Código Abierto* para presentar los alcances del plan. De este modo, al logro del objetivo inicial de hacer visible el debate se agregó el logro de producir incentivos para la participación.

---

12 Ver bit.ly/laderrotadelfacismo

13 Ver derechoshumanos.pe/2011/12/ceremonia-de-entrega-de-los-premios-de-derechos-humanos-2011/

Herramientas para la incidencia

Uno de los objetivos de la intervención era evaluar el uso potencial de las herramientas web 2.0 en los procesos de incidencia en políticas públicas en el sector de las telecomunicaciones. Por eso la campaña utilizó varias de ellas, buscando identificar los espacios más apropiados para el debate y la difusión de ideas alternativas al discurso dominante.

Inicialmente se había planificado usar Facebook y Twitter debido a su creciente uso. Según Social Bakers[14] el número de cuentas de Facebook en el Perú creció de 5 a cerca de 8 millones durante el primer semestre del año 2011, debido al uso de esta herramienta como parte de las estrategias de marketing político durante las elecciones municipales de fines de 2010 y en las campañas presidenciales y congresales de abril y junio de 2011. Fue también empleada por la activa campaña de colectivos ciudadanos que buscaban evitar que Keiko Fujimori, hija del ex presidente Alberto Fujimori, quien purga condena por violaciones a los derechos humanos, ganara las elecciones presidenciales.

Twitter, por otro lado, es un medio muy utilizado por periodistas y activistas, llegando a unos 255.000 usuarios a mediados del año 2011. La característica viral de esta red se presta para la difusión de mensajes muy cortos y de alto impacto. En el Perú el caso más sonado fue el reclamo ciudadano por más información sobre los sucesos ocurridos en Bagua, donde las poblaciones indígenas fueron reprimidas por las fuerzas policiales. También fue relevante en el debate electoral[15].

Sin embargo, estas herramientas no lograron el impacto esperado en términos numéricos. Por esta razón se prefirió cambiar hacia una estrategia de nicho en términos de público objetivo, y generar mayor cantidad y mejor calidad de contenidos. Se

---

14 Ver www.socialbakers.com/facebook-statistics/peru

15 Ver reporte elaborado por el diario *La República* en www.larepublica.pe/13-05-2011/twitter-peru-y-sus-trend-topics-mundiales

observó que el contenido audiovisual cumplía con ambos objetivos, (i) era más atractivo para el público objetivo que el contenido escrito y (ii) en el momento de producir los contenidos se lograba involucrar en el tema a los entrevistados.

El prestigio del portal *La Mula* también fue un aporte significativo, ya que dotó de credibilidad al canal de comunicación utilizado y ayudó a contar cada vez más con la presencia de los actores en el debate de políticas públicas de telecomunicaciones. El programa de televisión por internet *Código Abierto* realizó siete emisiones con entrevistas y debates en vivo sobre el PNBA. Participaron de estos programas investigadores como Aileen Agüero del IEP; Wilmar Pebe, miembro ce la Comisión de Plan de Gobierno del Partido Nacionalista Gana Perú y de la Comisión de Transferencia del MTC; Juan Pacheco, gerente general de AFIN, expertos como Carlos Huamán, director ejecutivo de DN Consultores, y Geoffrey Cannock, socio y gerente de Economía Aplicada de APOYO Consultoría.

Como se señaló anteriormente, este debate llamó la atención ce los miembros de la comisión, quienes buscaron acercarse al programa para difundir los alcances del PNBA aprobado durante los últimos días del gobierno de Alan García Pérez. Es así que se contó con la participación de Patricia Carreño, directora general de Regulación y Asuntos Internacionales del MTC; Luis Pacheco, subgerente de Investigación en la Gerencia de Políticas Regulatorias y Competencia de OSIPTEL, y el viceministro de Comunicaciones, Raúl Pérez-Reyes.

Esta estrategia estuvo acompañada también por el uso de *Facebook* y Twitter y de dos blogs, uno para el programa[16] y otro para el debate sobre la banda ancha en el Perú[17].

---

16 Ver codigoabiertotv.lamula.pe/
17 Ver bandaancha.lamula.pe/

CONCLUSIONES

Las herramientas web 2.0 como Facebook y Twitter son útiles en tanto instrumentos de comunicación cuando el mensaje es muy preciso y de interés general. En esos casos es posible construir y compartir un discurso alternativo y obtener un número importante de adherentes.

No fue ese el caso de la campaña realizada en Perú sobre el PNBA dado que la especificidad de la temática requería de un acercamiento directo de los actores, lo que finalmente se logró gracias al programa de televisión por internet *Código Abierto*.

Las herramientas web 2.0 como instrumentos de acción colectiva solo serán de utilidad cuando existan iniciativas de acción colectiva que las sustenten, es decir, las herramientas web 2.0 no podrán crear espacios de colaboración y participación donde no existe ya una comunidad activa. Ese fue el caso en el Perú, donde la comunidad de activistas sobre temas de TIC y desarrollo se encuentra dispersa y tiene dificultades para articular una agenda común.

Las herramientas web 2.0 más difundidas en el Perú se relacionan con espacios de entretenimiento, por esa razón no son tomadas en cuenta aún por los decisores. Esta situación se agrava debido a políticas internas de las instituciones de gobierno que limitan el uso de aplicaciones de redes sociales y de trabajo colaborativo por considerarlas peligrosas para la seguridad de las redes y una fuente de distracción para los funcionarios.

El impacto logrado durante este laboratorio nacional se relaciona más con los vínculos y comunicación existente entre el líder del proyecto y los miembros de la comisión que con la efectividad de las herramientas 2.0 para alcanzar mensajes y evidencia a éstos. También ayudó mucho la reputación como medio independiente del portal *La Mula* en tanto espacio para el debate, al igual que la reputación de los trabajos de DIRSI y el IEP, particularmente entre los miembros técnicos de la comisión.

Los procesos de incidencia se sustentan en la confianza entre los actores que participan en ellos, por eso no es recomendable establecer una estrategia basada únicamente en el uso de herramientas web 2.0, sino acompañarla de actividades de incidencia relacionadas con los espacios y procesos formales para la toma de decisión, como reuniones, charlas, encuentros, correspondencia y comunicaciones formales.

BIBLIOGRAFÍA

Abdala, M y P. Spiller. 1999. *Instituciones, contratos y regulación en Argentina*. Buenos Aires: Temas Grupo Editorial.

Barrantes, R. y A. Agüero. 2010a. "Desarrollo de la banda ancha en la región andina – estudio comparativo de Bolivia, Colombia, Ecuador y Perú". Lima: DIRSI.

Barrantes, R. y A. Agüero. 2010b. "Estudio sobre la banda ancha en el Perú". Lima: DIRSI.

Barrantes, R. y R. Pérez. 2006. "Regulación e inversión en telecomunicaciones: el caso peruano". WDR Dialogue Theme, 3rd cycle. Discussion Paper.

Bossio, J. 2010a. "Entorno regulatorio de las telecomunicaciones: Perú 2007 – 2009". Lima: DIRSI.

Bossio, J. 2010b. "Redes dorsales de banda ancha en América Latina". Proyecto Impacto 2.0. Lima: IEP.

CEPAL. 2010. "La banda ancha es clave en el círculo virtuoso del desarrollo". En *Notas de la CEPAL* 64, abril 2010.

Crewe, Emma y J. Young. 2002. "Bridging Research and Policy: Context, Evidence and Links". Londres: ODI.

Jordan, V., H. Galperin y W. Peres. 2010. "Acelerando la revolución digital: banda ancha para América Latina y el Caribe". CEPAL-DIRSI.

CONSULTAS PÚBLICAS EN LÍNEA

4. INTRODUCCIÓN

Bruce Girard

Una de las maneras en que los gobiernos pueden mejorar sus propuestas de políticas es sometiéndolas a la prueba de la opinión pública. Las consultas públicas implican la solicitud de aportes a la población y a los actores interesados, para incluirlos en los procesos de elaboración de políticas. A través de las consultas, los encargados de elaborar las políticas pueden incorporar al debate conocimiento especializado y enfoques alternativos, o identificar intereses en conflicto y solicitar ideas acerca de cómo equilibrarlos. Las consultas pueden ser formales o informales, pueden estar restringidas a unos pocos interesados clave, o pueden solicitar las opiniones del público en general. Asimismo, las consultas pueden ser puntuales o formar parte de una discusión en curso. Cualquiera sea la forma que adopten, los objetivos clave incluyen mejorar la calidad de la información a disposición de los tomadores de decisiones, proporcionar a ciudadanos y grupos de interés un papel activo en la discusión de alternativas políticas y, en última instancia, contribuir a que las políticas sean mejores.

Los procesos tradicionales de consulta se desarrollan en reuniones o a través de la solicitud de informes u opiniones por escrito. Las reuniones tienen la ventaja de permitir el diálogo entre el gobierno y las partes interesadas, así como de éstas entre sí, pero tienen la desventaja de imponer severas restricciones de espacio y tiempo, ya que el diálogo cara a cara requiere que todos se encuentren en el mismo lugar a la vez. La solicitud de aportes escritos, por otro lado, supera las dificultades de tiempo y espacio, pero inhibe el diálogo.

La siguiente sección enfoca dos experiencias recientes de consultas 2.0 en Brasil y Uruguay, y examina cómo pueden emplearse las capacidades interactivas de internet para apoyar procesos de consulta pública, convocados por hacedores de políticas e investigadores, que buscan superar los problemas inherentes a las consultas basadas en reuniones o en intervenciones escritas. Fabro Steibel, Federico Beltramelli y Eduardo Alonso evalúan el papel de las instituciones y los políticos en el diseño de esas iniciativas, a través de dos estudios de caso: una iniciativa brasileña para redactar un proyecto de legislación de internet (el Marco Civil Regulatorio–MCR) y una consulta pública uruguaya sobre la difusión por televisión digital. En estos análisis, los autores procuran:

1. formular hipótesis sobre los elementos contextuales que favorecen la realización de consultas en línea;

2. evaluar cómo interactúan las reglas para la deliberación y la tecnología, y

3. mapear buenas prácticas de combinación de diferentes tecnologías web 2.0 en el diseño de experiencias de deliberación en línea para esbozar reglamentaciones y políticas.

Si bien los estudios de caso señalan la importancia de involucrar en consultas públicas a los diversos actores interesados, la evidencia indica que es esencial el compromiso del gobierno. La iniciativa brasileña fue conducida por el Ministerio de Justicia junto a la activa participación del Ministerio de Cultura y el *Centro de Tecnologia e Sociedade*, un *think tank* independiente. Aunque la participación del *think tank* acarreó diversas ventajas, la consulta fue convocada y dirigida por el gobierno, y el resultado –un proyecto de legislación de internet– fue un documento oficial.

Esto contrasta con el caso de Uruguay, donde el Ministerio de Industria, Energía y Minería (miem) propuso la realización de una audiencia pública virtual, pero después fue retirando su apoyo progresivamente: primero abandonó su papel de convocante, después organizó un proceso de notificación pública con solicitud de opiniones, formal aunque paralelo, y por último excluyó de ese proceso formal los resultados de la consulta.

El informe compara las diferencias y similitudes de las dos consultas, identifica algunos aprendizajes y señala áreas que reclaman mayor investigación en el futuro. Los autores sugieren que, pese a la naturaleza pionera de los proyectos y las grandes diferencias entre sus contextos, ambas experiencias tuvieron que afrontar retos parecidos para combinar la elaboración de políticas con la tecnología y la sociedad. Entre las principales lecciones aprendidas están:

• Las consultas públicas en línea requieren apertura. Los gobiernos y las burocracias deben estar abiertos a consultar a los ciudadanos acerca de temas de interés público, de otro modo una consulta pública, en línea o no, no podría tener éxito. En el caso de las consultas en línea, deben además estar dispuestos a emplear instrumentos a los que no están habituados y, más aún, a involucrarse en prácticas que no les son familiares y cuya fortaleza reside en su transparencia y accesibilidad. Estos desafíos pueden implicar cambios en las culturas institucionales de las instituciones de gobierno, que suelen sentirse más cómodas cuando anuncian decisiones que cuando piden asesoramiento.

• Las instituciones gubernamentales importan, y mucho. Junto a la apertura ante la idea de hacer una consulta en línea se requiere, para tener éxito, el patrocinio activo de la institución de gobierno que la convoca. Los actores interesados y los ciudadanos se involucrarán en el proceso sólo cuando consideran que la institución patrocinadora toma en serio la iniciativa y escuchará sus aportes.

- Los investigadores y los *think tanks* pueden desempeñar diversos papeles en las consultas en línea. En los casos que aquí se presentan, se cuentan: diseñar la consulta, decidir qué tecnologías incorporar, moderar los intercambios, suministrar contexto y presentar temas y opciones, a la vez que facilitar contactos con iniciativas de la sociedad civil.
- En cualquier consulta sobre políticas, el tema en discusión importa. Es más probable que las personas participen si perciben que sus intereses están en juego. Sin embargo, las consultas en línea contienen un sesgo propio, y parte del éxito de la consulta brasileña se debe a que el tema en cuestión, la gobernanza de internet, fue considerado importante por los ciberactivistas, una comunidad especialmente calificada y habituada a la deliberación en línea.

5. POLÍTICAS PÚBLICAS, INVESTIGACIÓN ACADÉMICA Y CONSULTAS PÚBLICAS EN LÍNEA EN BRASIL Y URUGUAY

Eduardo Alonso, Federico Beltramelli y Fabro Steibel

Durante 2009 y 2010 Brasil realizó una consulta pública con el fin de elaborar un borrador de legislación sobre la gobernanza de internet. En 2011, en Uruguay se convocó una consulta pública buscando aportes de los ciudadanos y otros actores interesados sobre la política nacional de televisión digital. En el caso brasileño la iniciativa fue conducida por el Ministerio de Justicia junto con el Ministerio de Cultura y el *Centro de Tecnología e Sociedade* (Centro de Tecnología y Sociedad –un *think tank* de la sociedad civil). En Uruguay la consulta fue iniciada por el departamento encargado de telecomunicaciones del Ministerio de Industria, Energía y Minería (MIEM) en cooperación con Fundación Comunica y un grupo de académicos independientes, pero se transformó rápidamente cuando ciertos cambios dentro del ministerio dejaron a la consulta sin conexión formal con el gobierno.

Las dos consultas fueron diferentes en varios aspectos. Sus diferencias fueron considerables en términos de escala, por ejemplo. La consulta brasileña se llevó a cabo durante tres meses, en dos períodos separados de 45 días cada uno. Atrajo más de 2.000 contribuciones y una importante cobertura en los medios. En contraste, la consulta uruguaya duro sólo 21 días, consiguió relativamente pocos comentarios y recibió muy poca cobertura mediática en profundidad.

Asimismo, las dos consultas tuvieron lugar en contextos políticos y sociales con importantes diferencias: Brasil, por ejemplo, tiene un sistema de gobierno federal descentralizado, mientras que Uruguay se caracteriza por un marco institucional altamente centralizado.

Lo que tuvieron en común, sin embargo, es que fueron consultas públicas en línea, entendidas aquí como sistemas basados en internet usados como apoyo a una solicitud, por parte del gobierno, de aportes del público sobre una determinada iniciativa de política pública, y que facilitan la comunicación multidireccional entre el gobierno, los ciudadanos y otros actores interesados.

Este artículo analiza los dos casos, centrándose en la comparación de las respuestas a dos preguntas guía de la investigación: (i) ¿Qué impactos similares obtuvieron las dos experiencias? y (ii) ¿Cuáles fueron los desafíos comunes enfrentados por los patrocinadores de estas iniciativas?

El artículo comienza con un breve repaso de las herramientas que se usan en las consultas tradicionales sobre políticas. Después se presentan los dos estudios de caso y finalmente, algunas conclusiones tentativas y lecciones aprendidas.

INSTRUMENTOS DE CONSULTA

La consulta pública es uno de los instrumentos clave que los gobiernos pueden emplear para aumentar la transparencia, la eficacia y la eficiencia en la elaboración de leyes y políticas públicas.

Las consultas son útiles para mejorar la calidad de las políticas públicas cuando aumentan la cantidad de información disponible y mejoran su calidad. A través de ellas, los encargados de elaborar políticas pueden incorporar a la discusión puntos de vista alternativos, así como el conocimiento aportado por expertos, y también pueden identificar los intereses contrapuestos y solicitar el aporte de ideas para ponerlos en equilibrio.

Las consultas implican la búsqueda activa de contribuciones procedentes de las diversas partes interesadas, y pueden efectuarse de varias maneras, desde mantener conversaciones telefónicas con representantes de los grupos de interés clave, hasta convocar encuentros públicos estructurados con el fin de involucrar un público más amplio. La Organización para la Cooperación y el Desarrollo Económico (OCDE), por ejemplo, describe cinco instrumentos para las consultas públicas (Ver Cuadro 1).

Las diversas herramientas satisfacen diferentes objetivos y pueden ser empleadas en distintos momentos del proceso de elaboración de una política. Dos de ellas, la notificación pública con solicitud de opiniones y las audiencias públicas, están diseñadas para que la elaboración de las políticas públicas sea accesible a un público no especialista, más amplio, y por lo tanto, son adecuadas para aquellos asuntos que tienen un impacto significativo en la sociedad.

De hecho, las audiencias públicas están casi siempre unidas a procesos de notificación pública y solicitud de opiniones. Las consultas en línea que se presentan en este capítulo combinan estos instrumentos de manera tal que proporcionan la posibilidad de que los encargados de diseñar la política, los grupos de interés y las personas interesadas en general puedan dialogar entre sí, sin enfrentar muchas de las limitaciones que presentan las consultas tradicionales.

Si bien internet puede usarse, y ya se usa, en todos estos tipos de consulta, las posibilidades para la interacción y la colaboración que ofrecen las herramientas y aplicaciones web 2.0 pueden ser particularmente adecuadas para alojar audiencias públicas, ya que reducen los costos a la vez que aumentan las oportunidades para la participación efectiva, así como resuelven algunos de los problemas asociados a las reuniones cara a cara. De igual importancia es el hecho de que en las consultas en línea, igual que en los procesos de notificación pública con solicitud de opiniones, se hacen importantes esfuerzos para proporcionar información contextual que explique los objetivos de la política en cuestión, identifique las alternativas en juego y, en general, dote a las personas y las organizaciones interesadas con conocimientos que los asistan para comprender las implicaciones de las políticas en discusión.

Un documento elaborado por OCDE en 2006 describe cinco tipos de consulta pública:

CUADRO 1 – Herramientas tradicionales para la consulta sobre políticas públicas

- Las *consultas informales* incluyen "todo tipo de contactos –discrecionales, *ad hoc* y no estandarizados–" entre quienes elaboran las políticas y los grupos de interés, como por ejemplo, reuniones informales, correspondencia y conversaciones telefónicas. Si bien este tipo de consulta resulta flexible, veloz y barata, carece de transparencia y confiabilidad.

- Hacer *circular propuestas de políticas y solicitar comentarios* es un proceso de consulta que involucra la circulación de propuestas de manera más sistemática y estructurada que en las consultas informales. Habitualmente la participación queda restingida a grupos de interés reconocidos, excluyendo así a los grupos menos organizados y al público en general.

- La *notificación pública con solicitud de opiniones* es una forma de consulta más estructurada, formal e inclusiva que la circulación de propuestas con solicitud de comentarios, debido a que incluye la elaboración y la distribución de información contextual, como por ejemplo proyectos de ley, artículos que discuten el problema en cuestión, objetivos de la política pública, evaluaciones de impacto y soluciones alternativas, al igual que la solicitud de comentarios y opiniones por escrito.

- Las *audiencias públicas* son reuniones donde las partes interesadas y otros grupos pueden presentar sus opiniones y hacer comentarios en persona. Procuran que el proceso de notificación pública y solicitud de opiniones al que habitualmente están unidas esté más al alcance de los ciudadanos, e incluso intentan propiciar algún tipo de diálogo entre la administración pública, los grupos de interés y el público interesado. Sin embargo, la OCDE señala dos limitaciones de las audiencias públicas: por un lado, suelen ser eventos aislados que pueden ser inaccesibles para algunos y por ello requieren coordinación y planificación para asegurar un mayor acceso y, por otro lado, la "presencia simultánea de muchos grupos e individuos con posturas sumamente disímiles puede hacer que una discusión sobre temas especialmente complejos o emotivos se vuelva imposible, lo que restringe la capacidad de esta estrategia para producir información empírica".

- Los *cuerpos asesores* pueden ser *ad hoc* o permanentes y se conforman para proporcionar asesoramiento técnico o para conciliar intereses. Si bien hay diversos tipos de cuerpos asesores, todos comparten dos rasgos: tienen un mandato específico (proporcionar conocimiento experto o procurar consensos) e incluyen personas ajenas al gobierno.

De acuerdo a las cinco categorías de consulta pública descritas en el Cuadro 1, tanto la experiencia brasileña como la uruguaya son semejantes a las audiencias públicas tradicionales. Las dos fueron procesos formales de consulta, abiertas al público en general, y adoptadas tempranamente en el ciclo de elaboración de las políticas públicas con el fin de ayudar en la definición de las diversas posturas y opciones. A través del suministro de información contextual y de la descripción de las soluciones alternativas, se trató de hacerlas accesibles para los no especialistas. Sin embargo, a diferencia de las audiencias públicas tradicionales, los casos que se estudian aquí se desarrollaron en línea, liberándose así de las restricciones espacio-temporales que las audiencias públicas tradicionales deben enfrentar.

Otra característica compartida por la experiencia uruguaya y la brasileña es que ambas fueron iniciadas por gobiernos que procuraron involucrar a la sociedad civil en la deliberación sobre políticas públicas. Esta categorización analítica debe ser observada en relación con el marco institucional y político en cada uno de los casos. En Uruguay el proceso comenzó por una propuesta del gobierno de implementar una consulta pública virtual. Pero esta estrategia se diluyó rápidamente al desaparecer el Estado como convocante de la consulta (a través de la Dirección Nacional de Telecomunicaciones y Servicios de Comunicación Audiovisual (DINATEL), dependiente del Ministerio de Industria, Energía y Minería (MIEM)), lo que acarreó problemas de reconocimiento, por parte del público objetivo, sobre quién convocaba y para qué. En cambio en Brasil, la continuidad del apoyo institucional condujo a resultados más consistentes.

BRASIL: LAS INSTITUCIONES IMPORTAN

Introducción

En el caso brasileño, la investigación enfocó el impacto de las tecnologías web 2.0 en el diseño de consultas deliberativas sotre políticas públicas. Más específicamente, evaluó el impacto de esas tecnologías cuando se trata de definir cómo los responsables de las políticas y los ciudadanos negocian las oportunidades de deliberación para elaborar textos de leyes y regulaciones. Como caso de estudio se evalúa el proyecto *Marco Civil Regulatório* (MCR), una iniciativa patrocinada por el gobierno de Brasil con el objetivo principal de sentar las bases de una propuesta legislativa sobre internet a partir de dos ciclos de consultas públicas realizados en 2009 y 2010, con la ayuda de tecnologías web 2.0.

En términos generales, el proyecto MCR puede considerarse como sumamente exitoso. Definir qué significa "exitoso" en referencia a las prácticas deliberativas requiere la definición de estándares normativos con los que evaluar la participación, lo que está lejos de ser una cuestión establecida. No obstante, teniendo en cuenta que el proyecto MCR fue el primero de su especie en Brasil, que durante el período de consulta el sitio web recibió 2.000 contribuciones del público en general, que los proyectos posteriores mencionan el MCR como su referencia clave y, lo más importante, que el proyecto logró traducir las preocupaciones recibidas en un proyecto de ley enviado al Congreso, se puede afirmar que el MCR fue sumamente exitoso.

La decisión del gobierno de llevar adelante proyectos de consulta pública para tomar decisiones informadas no es ninguna novedad en la administración pública. En Brasil, por ejemplo, las consultas públicas están reguladas por leyes específicas (04176/2000). Sin embargo, la originalidad del MCR no radicó en la decisión del gobierno de hacer una consulta sobre cómo regular internet, sino en la decisión de llevar adelante la consulta mediante la propia internet. Expandir el *locus* del debate, sacándolo de los espacios físicos (como las salas de audiencia ubicadas en Brasilia, la capital) y trasladándolo a una URL abierta al acceso público, capaz de albergar un debate en línea sobre políticas, es algo que los entrevistados estiman que nunca antes se había intentado.

Los entrevistados recuerdan casos aislados en los que el gobierno empleó tecnologías en línea para realizar consultas a expertos o a ciudadanos corrientes, y recuerdan situaciones en las que el gobierno consideró la posibilidad de realizar debates en línea. Sin embargo, el proyecto MCR es considerado como una experiencia pionera para este tipo de iniciativas, algo de tal magnitud que los entrevistados lo describen como un hecho que "actualizó" la forma de realizar consultas públicas en el país. Si se tiene en cuenta que desde la finalización del proyecto se han iniciado otros cinco proyectos similares, la hipótesis de la actualización puede demostrarse como acertada.

Conclusión principal: las instituciones importan

De acuerdo a nuestra investigación, cuando se considera la importancia de la tecnología para las consultas públicas, las instituciones importan y mucho. Esto apoya la afirmación de Blumler y Coleman (2009): "para que la participación democrática tenga un impacto significativo en los resultados políticos es necesario que haya instituciones inclusivas y responsables de sus actos que proporcionen el espacio para una interacción consecuente entre los ciudadanos y sus representantes electos". Nuestros resultados sugieren que las tecnologías web 2.0 constituyen un escenario muy positivo como instrumentos de apoyo para la elaboración de políticas en el futuro. No obstante, si faltan instituciones que respalden, diseñen y moderen el uso de las tecnologías web 2.0 para esos fines, la tecnología por sí misma tendrá un alcance muy limitado en la incorporación de verdaderos cambios en la legislación vigente.

Un argumento central que resulta de este estudio es que sin el apoyo directo y el compromiso por parte de las instituciones gubernamentales (en este caso, los Ministerios de Justicia (MJ) y de Cultura (MC)), al igual que el apoyo brindado por *think tanks* (en este caso, el Centro de Tecnología y Sociedad (Centro de Tecnologia e Sociedade - CTS) de la *Fundación Getúlio Var-*

gas - FGV), las contribuciones de la población a través de la web 2.0 no podrán desembocar en un cambio en las políticas. Esto está en línea con el planteo de Blumler y Coleman (2009) según quienes las iniciativas de arriba abajo para la elaboración de políticas tienen más oportunidades de lograr cambios efectivos que las iniciativas de abajo arriba. A este respecto, si bien sostenemos que la ciudadanía sin dudas importa, nuestro argumento central es que para entender cómo un debate en línea puede incidir en lo que hace el gobierno es necesario comprender el papel clave de las instituciones en el patrocinio y la moderación de tales foros de debate político.

Síntesis

Este capítulo consta de tres secciones. La primera parte discute cómo las instituciones gubernamentales, la tecnología y las personas interactúan para crear un foro en línea y estimular allí un debate político que resulte exitoso. Sugiere a modo de hipótesis cuatro elementos contextuales necesarios para dar inicio a un foro de consulta en línea sobre políticas públicas, a saber:

- una institución gubernamental con un interés real en la participación pública directa;
- una comunidad en línea activa con un fuerte interés en el tema en discusión;
- un centro de investigación actvo o un *think tank* dispuesto a brindar sus conocimientos e influencia al proyecto, y
- una interfaz web 2.0 capaz de involucrar a los responsables de la formulación de políticas y a los ciudadanos en una estructura narrativa coherente para la deliberación.

Estas hipótesis son especulativas y se requiere profundizar la investigación para sustentarlas. Sin embargo, considerando la novedad del campo de investigación y el rápido andar del cambio tecnológico, sostenemos que identificar las cuestiones fundamentales relativas a los foros en línea para la discusión de políticas es un elemento clave en esta etapa de la investigación. La segunda y tercera secciones continúan la evaluación de cómo interactúan la tecnología y la deliberación en proyectos de consulta en línea, enfocando en cómo los políticos a cargo deciden qué temas se someterán a debate y cómo se va a emplear la tecnología para intermediar la deliberación. Desde perspectivas diferentes, las dos secciones se centran en cinco decisiones clave que los responsables de formular políticas deben tomar durante los estadios tempranos de la elaboración de éstas, a saber:

- qué temas de la política estarán abiertos o cerrados a la deliberación;

- qué tecnologías usar o no para mediar el debate;

- cómo enmarcar la discusión a través de la preparación y diseminación de documentación sobre el tema, opciones de políticas, estudios de impacto y otros textos del estilo;

- cómo y cuándo moderar las contribuciones;

- cómo traducir las contribuciones a un documento con un texto jurídico apropiado.

Metodología

Los datos usados en este proyecto proceden de entrevistas en profundidad aplicadas a funcionarios públicos, académicos y diseñadores web responsables de la planificación y la ejecución del proyecto MCR. Los entrevistados fueron seleccionados mediante un procedimiento de muestreo de dos rondas. Primero se identificaron contactos en las principales instituciones auspiciantes de la iniciativa. Después de dos rondas de entrevistas preliminares con miembros de las dos instituciones (MJ y CTS) se elaboró una segunda lista de nombres que incluía funcionar.os del MC (que se involucró posteriormente en el proyecto y se encargó de la programación del sitio web), dos funcionarios del MJ (que coordinaba el proyecto) y tres integrantes del CTS (que compartió la autoría del proyecto con el MJ).[1] Todas las entrevistas realizadas fueron entrevistas a expertos semi-estructuradas y en profundidad y se analizaron a partir de una combinación de métodos de análisis cualitativos de datos.

Elementos contextuales del proyecto MCR

El proyecto MCR fue una iniciativa conjunta del MJ (el iniciador del proyecto) y el CTS (que forma parte de la FGV, un *think tank* ubicado en Río de Janeiro)[2]. Además de estas dos organizaciones, el proyecto recibió el apoyo directo del MC, la asistencia indirecta de otros cuerpos gubernamentales (como el Ministerio de Relaciones Exteriores) y contribuciones *ad hoc* de organizaciones de la sociedad civil y de varios activistas por los derechos de internet. En ese sentido, el proyecto MCR fue una iniciativa gubernamental que, con la ayuda de un importante *think tank* y de la sociedad civil, logró establecerse como un foro en línea para el debate político único en su especie. Como lo define el CTS:

> "[el MCR fue un acontecimiento en el que] ONG, universidades, proveedores de servicios de internet, ... empresas comerciales, estudios legales, agencias policiales, individuos, Embajadas de Brasil en todo el mundo, y muchos otros participantes, se sumaron a la audiencia pública en línea. La participación de varios grupos de interés promovió la diversidad de opiniones y dio acceso a información de alta calidad y al asesoramiento experto, todo lo cual auxilió al gobierno a redactar un proyecto equilibrado".

---

1 Del MJ: Guilherme Almeida y Paulo Roná. Del CTS, Carlos Affonso Pereira de Souza, Pedro Augusto Ferreira Francisco y Marília Maciel. Del MC, José Almeida Júnior.

2 Específicamente, en el MJ, la Secretaría de Asuntos Legislativos .

El objetivo general del proyecto MCR era elaborar un proyecto de ley sobre internet que luego sería sometido a votación del Congreso. La ley debía sugerir un conjunto de principios legales y de derechos que sirvieran como guía para la futura legislación nacional sobre internet, y toda la experiencia de consulta fue diseñada en base a prácticas colaborativas en línea. El proyecto se desarrolló desde octubre de 2009 a marzo de 2010 y constituyó un foro en línea donde políticos, académicos, artistas, ONG, empresas, individuos y otros interesados en el tema pudieron publicar, debatir y comentar acerca del posible diseño de la futura legislación para internet.

El proyecto empleó diversas herramientas web 2.0 (fundamentalmente una plataforma Wordpress, Twitter, RSS y blogs). Se realizaron dos rondas de discusión. Durante la primera, las personas fueron invitadas a comentar un *white paper* que incluía un conjunto general de ideas orientadoras para el futuro proyecto de ley. Durante la segunda, se los invitó a comentar sobre el proyecto de la ley, ya redactada como para ser enviada al Congreso. El proceso, tal como lo describen los entrevistados, permitió que durante la primera ronda se evaluara un conjunto de estándares normativos predefinidos por los patrocinadores de la iniciativa y que se consideró importante incluir en la legislación futura, mientras que la segunda ronda se centró en recibir comentarios sobre el propio proyecto de ley.

Es importante señalar que durante ambos períodos de consulta los participantes sólo podían comentar temas pre-definidos que, según los entrevistados, enfocaban tres ejes de discusión: derechos individuales y colectivos (privacidad, libertad de expresión, derechos de acceso); principios relativos a los intermediarios (neutralidad de la red y responsabilidad civil) y directivas gubernamentales (apertura, infraestructura y construcción de capacidades). Por lo tanto, si bien el proyecto de consulta en línea se concibió como una práctica colaborativa –una iniciativa abierta al público en general para que se involucrara y compartiera sus opiniones– los ciudadanos fueron invitados fundamentalmente para proporcionar sugerencias, pero no para decidir qué temas estaban abiertos al debate ni tampoco para intervenir en la redacción concreta del texto final del proyecto. Según los entrevistados, el proyecto MCR comenzó cuando, en setiembre de 2009, funcionarios del MJ convocaron a expertos en políticas públicas del CTS para diseñar la plataforma en línea. Dos meses después se inauguró el sitio web y se inició el período de consulta, que permaneció abierto hasta mediados de 2010, cuando finalizó la redacción del proyecto de ley. Durante los dos períodos de consulta se recibieron más de dos mil contribuciones de particulares y de entidades gubernamentales y no gubernamentales. Los responsables de formular la política se encargaron de reunir los comentarios y de redactar del proyecto de ley, que incluyó 25 artículos distribuidos en 5 capítulos que versan sobre derechos de los usuarios y principios generales para la regulación de internet.

El análisis de las entrevistas permite sostener que el proyecto MCR se basó en tres pilares fundamentales:

- apuntó al diseño de una ley a partir de fundamentos jurídicos sólidos, un texto jurídico listo para ser enviado a las audiencias del Congreso;

- apuntó a crear políticas capaces de preservar los derechos individuales existentes y futuros en la web;

- desde el comienzo intentó basarse sobre prácticas colaborativas y sobre un debate público construido a partir de herramientas web 2.0.

Los entrevistados hacen referencia continuamente a la unión de estos tres pilares (bases jurídicas, protección de derechos individuales y debate colaborativo) como las motivaciones clave detrás de la iniciativa de consulta en línea sobre el MCR.

El hecho fundamental que mencionan los entrevistados para justificar el surgimiento del proyecto MCR es el proyecto de ley conocido como "ley Azeredo". Este proyecto de ley se centra en el control de delitos en internet y fue enviado a la Cámara baja en 1999 (pl 84/99) y al Senado en 2003 (pls 89/03). La ley Azeredo fue criticada fuertemente por ciberactivistas, think tanks y, en particular, por el gobierno de Luiz Inácio *Lula* da Silva (2002-2010), por pretender legislar sobre delitos en la internet en un contexto en el que los derechos civiles en la red aún no estaban establecidos. De hecho, como afirman los entrevistados, se eligió el nombre del proyecto precisamente para dejar clara su oposición a debatir códigos criminales antes de asegurar los derechos y deberes civiles en internet.

Para entender el contexto dentro del cual se concibió el mcr, es clave analizar cómo fue recibida la ley Azeredo en diversas comunidades de decisores en Brasil. Cuando analizamos las razones dadas por los entrevistados para justificar por qué surgió el proyecto mcr se identifican cuatro elementos contextuales que deben tenerse en cuenta:

- el involucramiento de ciberactivistas en el movimiento social conocido como *Mega não* (*Mega no*);

- las actividades opositoras a los fundamentos jurídicos de la ley Azeredo por parte del cts;

- la agenda política del poder ejecutivo, que estaba dispuesto a definir la internet como un derecho social;

- la idea compartida por los responsables de las políticas acerca de que regular un entorno colaborativo como es internet requería el empleo de prácticas colaborativas, tales como las que se encuentran en el mundo en línea.

Desde que fue presentada, la ley Azeredo provocó duras críticas tanto en los foros de debate en línea como fuera de ellos, pero fue fundamentalmente a partir de 2009, con la publicación del blog conocido como *Mega não* por el ciberactivista João Caribé que la oposición social a la ley Azeredo obtuvo una voz coherente. El movimiento *Mega não* alimentó un intenso activismo en blogs, en Twitter y en otros medios sociales que no sólo atrajo aún más activistas para la causa sino que además le valió cobertura mediática a nivel de publicaciones nacionales sobre el tema, motivó marchas de protesta en varias ciudades del país, y fue tema de importantes eventos relacionados con internet durante ese año.

El movimiento *Mega não* desempeñó un papel clave en el éxito del proyecto MCR, según sostienen los entrevistados. Afirman también que fueron personas estrechamente ligadas a *Mega não* los primeros en realizar sus aportes a través de comentarios en el s_tio del proyecto. No sólo eso, también dicen que fueron activistas vinculados a *Mega não* quienes colaboraron con la publicidad de la iniciativa MCR a través de sus propios *hashtags* de Twitter y s_us redes de blogs para hacer comentarios acerca de la iniciativa.

Los entrevistados mencionan también que, al principio, los ciberactivistas veían con suspicacia que su movimiento de abajo arriba fuera abandonado ante la iniciativa de tipo arriba abajo a la que se los convocaba a participar. Sin embargo, los entrevistados cuentan que gradualmente los seguidores de *Mega não* comenzaron a confiar en la iniciativa MCR como una oportunidad real para dar empuje a sus propios intereses políticos, lo que a su vez atrajo más contribuciones y publicidad al sitio del MCR.

Otro elemento clave que mencionan los entrevistados es el activismo político del CTS. El CTS ya era conocido local e internacionalmente por su agenda política favorable al *software* de código abierto, la licencia *Creative Commons* y otros temas que vinculan legislación, tecnología y sociedad. También se conocían dos informes del CTS que criticaban la propuesta de la ley Azeredo y que dieron lugar al aumento de su influencia en cuerpos gubernamentales, la academia y las redes de ciberactivistas.

Según afirman los entrevistados del MJ, las posturas del CTS sobre la formulación de políticas públicas estuvieron entre las principales razones por las que fueron invitados a elaborar el proyecto MCR. Sostienen que el ministro de Justicia acogió la integración del CTS no sólo por su oposición a la ley Azeredo, sino también porque compartían ideas acerca de diseñar emprendimientos colaborativos para la elaboración de políticas. Por su parte, los entrevistados del CTS dijeron haber apreciado la invitación del ministerio porque percibían la iniciativa como una oportunidad para impulsar su propia agenda política, como una ocasión promisoria para influir en los políticos para que en el futuro llevaran a cabo debates sobre políticas basados en prácticas colaborativas en línea.

Un elemento decisivo más para que el proyecto MCR haya iniciado es, según los entrevistados, el apoyo gubernamental. El discurso del presidente *Lula* en el Foro Internacional de Software Libre de 2009 es mencionado como el hecho disparador de toda la iniciativa[3]. Durante su discurso, el presidente se opuso explícitamente a la ley Azeredo y demandó un proyecto alternativo que protegiera los derechos civiles en internet. Sin embargo el discurso de *Lula* no fue para nada un hecho aislado, simplemente ilustra una amplia agenda promovida por el gobierno de entonces para entender internet como un reto para los modos de concebir las relaciones sociales y la gobernanza.

Como puede verse, las condiciones para diseñar el MCR estaban dadas: los actores estaban motivados y lo único que faltaba era el "lugar" para sostener el debate. El gobierno estaba decidido a llevar adelante una consulta pública, y por eso el MJ invitó a un *think tank* de la sociedad civil para que fuera coautor de la iniciativa. La sociedad civil también estaba involucrada en un debate público, como había quedado claro a partir del compromiso activo en torno del movimiento *Mega não*. Sólo hacía falta el lugar donde el gobierno y los ciudadanos pudieran encontrarse, conversar y deliberar. Las herramientas web 2.0 fueron utilizadas para construir ese "lugar".

Debe señalarse que existen experiencias del empleo de internet para la elaboración de políticas públicas anteriores al gobierno

---

3 10° *Fórum Internacional de Software Livre*, Porto Alegre, 24 al 27 de marzo de 2009.

de *Lula*. Desde por lo menos 1999 se han ensayado experiencias piloto en el gobierno usando, por ejemplo, blogs y tecnología IRC para chats. No obstante, los entrevistados comentan que a partir del inicio de la presidencia de *Lula* en 2002 se expandió el uso de internet para el desarrollo de políticas públicas. Mencionan asimismo dos proyectos del MC como ilustrativos de este nuevo rumbo. El primero, conocido como "Puntos de cultura", asignaba apoyos financieros del gobierno a centros culturales locales para que proporcionaran acceso a internet a la comunidad local. El segundo, *CulturaDigital.br*, invitaba a los ciudadanos a crear y compartir sus blogs y sus identidades digitales en una plataforma pública y de código abierto basada en Wordpress, para fomentar debates en línea sobre políticas públicas.

El último elemento contextual mencionado por los entrevistados refiere a la emergencia de nuevos modos de vincular la legislación, la tecnología y la sociedad. Debido al surgimiento de tecnologías colaborativas y de redes, los entrevistados consideran necesario re-conceptualizar la forma en que las instituciones a las que pertenecen entienden la producción de conocimiento. El CTS, el MJ y el MC han sido pioneros, en años anteriores, en emprender varios experimentos para investigar modelos de gobernanza alternativos basados en tecnología. Por ejemplo, el CTS ha influido en el uso de la licencia *Creative Commons*; el MJ y el MC iniciaron la experiencia piloto del portal *Culturadigital.br*, invitando a ciberactivistas y *hackers* para que compartieran sus opiniones en línea. En este panorama los entrevistados recibieron el proyecto MCR como una oportunidad para poner a prueba procesos alternativos a los tradicionales para la elaboración de políticas públicas, centrados en el gobierno y a puertas cerradas. Como dice un entrevistado, la iniciativa MCR fue un "movimiento simbiótico entre la manera en la que se define la elaboración de políticas y el objeto de la regulación política ... y es dentro de este 'matrimonio feliz' entre estos dos elementos que definimos lo que buscábamos conseguir".

Estadios tempranos de la consulta pública asistida por tecnología

Si bien el inicio oficial del proyecto MCR data de fines de 2009, los orígenes del proyecto se remontan a 30 años atrás. Las consultas públicas son una práctica corriente de la gobernanza democrática, pues se espera que los gobiernos consulten a las personas antes de tomar decisiones que los afecten. Para emprender una consulta un gobierno debe primero diseñar instrumentos colaborativos para involucrar a los ciudadanos en la elaboración de las políticas públicas. En Brasil la regulación de las audiencias públicas data de fines de la década de los 80 y hoy se encuentra reglamentada y se usa como herramienta administrativa en todas las ramas del gobierno (Soares 2002). Podemos rastrear hasta 1995 la primera institución gubernamental creada para gobernar la internet en particular, el *Comité Gestor da Internet no Brasil* (CGI), al que se le asignó además la responsabilidad de diseñar nuevas formas de consulta pública[4]. Dicho esto, podemos afirmar que el gobierno de Brasil cuenta con al menos 30 años de experiencia en el diseño de instrumentos para prácticas colaborativas, y por lo menos la mitad de ese tiempo en proyectos basados en herramientas web.

Una manera de comprender cómo el uso de herramientas web 2.0 puede tener efectos sobre los foros de debate político sería evaluar, una vez finalizada la consulta pública, qué respuestas proporcionaron los ciudadanos a los gobiernos y qué uso hicieron los gobiernos de esos aportes. Pero ese tipo de análisis debe llevarse a cabo en estadios más tardíos del proceso de elaboración de políticas, y no pudo realizarse durante nuestra investigación. Desde otro punto de vista, esta sección enfoca los estadios tempranos de los procesos deliberativos, evaluando específicamente cómo los responsables de las políticas decidieron, antes de que se invitara al público a dejar su contribución

---

4 CGI www.cgi.br/english/index.htm.

en línea, qué asuntos políticos estaban abiertos o cerrados a la deliberación y qué tecnologías podían usarse para canalizar el debate. En el caso del proyecto MCR, entender qué asuntos públicos estaban abiertos o cerrados era inmediato: una página del sitio del MCR estaba reservada a la lista de todos los temas abiertos a la discusión (por ejemplo, responsabilidad civil de los usuarios de internet, libertad de expresión, privacidad y neutralidad de la red), mientras que otra listaba todos los temas cerrados (por ejemplo, derechos de autor, protección de datos y pornografía infantil).

Más allá de determinar qué temas están abiertos o cerrados a la discusión en los debates sobre políticas (es decir, más allá de definir acerca de qué van a deliberar las personas), diseñar reglas para debates políticos también requiere identificar y seleccionar instrumentos que asistan a los individuos y a las instituciones a compartir sus opiniones entre sí (es decir, decidir cómo van a deliberar las personas). En los foros políticos "fuera de línea", como los que el Congreso habitualmente organiza en salas de reuniones públicas, los encargados de las políticas deben decidir el tamaño del auditorio, en qué fecha y hora tendrán lugar y cómo harán los asistentes para compartir efectivamente sus opiniones. En los foros políticos en línea deben tomarse decisiones similares acerca de otras cuestiones, por ejemplo, cómo van a acceder las personas al sitio web del foro, en qué lenguaje de programación estará escrita la aplicación, cómo se visualizarán los comentarios y cómo harán las personas para publicar sus opiniones.

Podemos señalar que diseñar las reglas que establecen sobre qué pueden debatir las personas es una tarea mucho más sencilla que establecer cómo se empleará la tecnología para la deliberación, debido a la novedad de los proyectos de consulta en línea como el MCR.

Los entrevistados informaron que, cuando decidieron qué temas incluir y cuáles no, se apoyaron en varias herramientas de investigación del entorno cercano: identificaron los temas de las políticas públicas que se estaban discutiendo en otras esferas del gobierno, y seleccionaron los temas que aumentaran la probabilidad de obtener apoyo en el Congreso, o que muy probablemente fueran a incrementar la audiencia de su proyecto. Basados sobre tales análisis (que son los mismos con los que se cuenta para las consultas sobre políticas "fuera de línea") los encargados de elaborar la política disponían de muchas fuentes de insumos para tomar decisiones estratégicas sobre qué combinación de asuntos podrían aumentar el éxito del proyecto en general.

Sin embargo, lo dicho no corre cuando analizamos las decisiones sobre cómo debía usarse la tecnología para la deliberación. Como sostienen repetidas veces los entrevistados, el proyecto MCR fue una iniciativa sumamente experimental y que supuso muchos retos. Los entrevistados, por ejemplo, dicen que decidieron usar Wordpress porque es una tecnología de código abierto, dicen que tomaron también esta decisión a partir de sus conocimientos y experiencia personales debido a que algunos mantienen sus propios blogs, y por familiaridad con la iniciativa *Culturadigital.br* del MJ (que posteriormente alojó el sitio web del proyecto). La decisión de crear una sección de comentarios dispuesta párrafo a párrafo, por ejemplo, se inspiró en general en su conocimiento previo del proyecto *The Public Index* (un blog colaborativo de la New York Law School, un instituto de educación terciaria) para discutir sobre las políticas de *Google Books*)[5], aunque debieron realizar muchas adaptaciones para satisfacer sus necesidades. Hasta las decisiones acerca de qué tecnologías mantener y cuáles abandonar se apoyaron en información *ad hoc*: la diagramación general de las secciones para comentarios, por ejemplo, obtuvo una respuesta positiva, y eso dio lugar a una diagramación mejorada para la siguiente fase de consulta. Por su parte, el uso de un sistema de votación basado en indicar aprobación o desaprobación ("pulgar para arriba - pulgar para abajo") fue eliminado a poco de empezar el proceso debido a que produjo respuestas negativas por parte de los usuarios.

---

5 thepublicindex.org/introduction

Los gobiernos pueden optar por llevar adelante consultas completamente fuera de línea (es decir, sin emplear instrumentos en línea) o bien decidir hacerlas en línea (es decir, con el auxilio de herramientas de internet), pero cualquiera sea el caso, si los gobiernos quieren oír lo que las personas tienen para decir deben emplear algún tipo de tecnología para actualizar el intercambio comunicativo.

Cuando se comparan las consultas fuera de línea y en línea, se observa que las decisiones que se toman en las etapas tempranas del diseño de foros políticos acerca de qué temas serán objeto del debate son similares en ambos tipos de experiencia. Sin embargo, no se parecen tanto en lo que toca a las decisiones que deben tomarse sobre cómo se van a estructurar y a moderar las deliberaciones.

La naturaleza experimental y cambiante de las iniciativas como el proyecto MCR no implica que las decisiones de los encargados de la política se basen sobre procesos fluctuantes de información aleatoria, sino que desafían la comprensión sobre cómo ciertas prácticas bien establecidas en la elaboración de políticas (como por ejemplo, mapear agendas políticas que compiten entre sí antes de decidir qué agenda adoptar) interactúan con las prácticas experimentales de consulta y elaboración de políticas públicas que emplean herramientas web 2.0.

Prácticas ejemplares y discusión

Las instituciones importan: esa es la lección fundamental que surgió de la iniciativa MCR. En ese caso, el empleo de potentes herramientas TIC para amplificar la participación ciudadana en la elaboración de políticas públicas no hubiera sido posible sin el compromiso y el apoyo del MJ y el CTS para el diseño y la implementación de metodologías de empleo de tecnología para la consulta pública. En el resumen ejecutivo del informe de la CCDE de 2003 sobre democracia electrónica (Macintosh 2003),

Stephen Coleman extrae tres lecciones principales a partir de los estudios de caso allí analizados, que también resultan útiles para resumir las lecciones aprendidas en la iniciativa MCR.

La primera lección indica que "la tecnología entrega posibilidades, no soluciones. Para obtener el máximo de las TIC respecto del acceso a información, la realización de consultas y la participación pública para la elaboración de políticas, es necesario integrarlas a los instrumentos "fuera de línea" tradicionales". En el caso del MCR se pudo observar que las herramientas web 2.0 facilitaron la comunicación entre la administración pública y los ciudadanos, pero no determinaron la totalidad del proyecto. Los entrevistados consideran, por ejemplo, que el impacto del proyecto trascendió los límites de su presencia en la web. Mencionan la cantidad de periodistas que les solicitaron entrevistas y publicaron artículos sobre el tema. También enfatizan que usaron el sitio web para conservar copias en línea de los recortes de prensa y ponerlos al alcance de todos. Como publicaban todo, incluso las críticas a la iniciativa, sienten que se ganaron la confianza tanto de los periodistas como del público en general.

Otro ejemplo de utilización de la tecnología para facilitar la comunicación entre los responsables públicos de las políticas y los ciudadanos es Twitter, pero no fue determinante para la totalidad del proyecto. Se lo empleó ampliamente para promover la iniciativa a través de *tweets* con la URL de la página principal o de secciones específicas del debate. Los entrevistados consideran una externalidad de este empleo el que muchos blogs, foros en línea y otros "lugares" comenzaron a alojar debates y promover sus propias URL vía Twitter.

El uso de TIC influyó también las agendas políticas de otras partes interesadas. La visibilidad en línea que obtuvo el proyecto MCR afectó también las interacciones fuera de línea entre los conductores del proyecto y otras instituciones gubernamentales. Algunos de los representantes del MCR entrevistados contaron que, durante el período de consulta, la Policía Federal se puso en contacto con el MJ para expresar su oposición ante una propuesta particular de la legislación. Los representantes del MCR sostienen que la Policía se enteró del tema a través de la consulta en línea, y que previamente la legislación sobre internet no estaba incluida en la agenda de la institución policial. Según sus organizadores, la consulta sobre el MCR motivó a la Policía y a otras instituciones a sumarse al debate sobre la futura legislación sobre internet de Brasil.

La segunda lección mencionada en el informe de OCDE es que "proporcionar información en línea es una pre-condición esencial para la participación, pero cantidad no equivale a calidad. La promoción activa y la moderación competente son claves para la eficacia de las consultas públicas en línea". Como se mencionó más arriba, sin la intervención de los responsables públicos los más de 2.000 comentarios proporcionados en línea no hubieran sido trasferidos a un documento con la estructura legal adecuada como para someterlo al Congreso. Más allá de eso, la moderación dinámica de los funcionarios fue considerada esencial para el buen funcionamiento del debate. Los entrevistados comentan que no circuló ningún comentario difamatorio en todo el período de consulta, aunque sostienen también que conversaron mucho internamente acerca de la necesidad de intervenir llegado el caso, al igual que la posibilidad de controlar el sitio. Otra decisión tomada por los entrevistados refiere a evitar presentar sus propias posturas en las secciones de comentarios, dejando así la sección de debate abierta para la discusión entre pares. Los entrevistados piensan que esta actitud fue entendida por los participantes como prueba de la transparencia y la apertura de los patrocinadores del proyecto.

La tercera y última lección referida en el citado informe es que "las barreras que se interponen para una mayor participación de los ciudadanos en la elaboración de políticas son culturales, organizativas y constitucionales, pero no tecnológicas. Sortear esos obstáculos requiere de mayores esfuerzos para aumentar la conciencia y las competencias, tanto en el ámbito gubernamental como ciudadano". Según describen los entrevistados, las herramientas web 2.0 permitieron que públicos diversos se involucraran en el proceso de consulta, incluso algunos públicos habitualmente ausentes en tales instancias. Por ejemplo, cuentan con sorpresa el interés de los ciberactivistas y de los aficionados a los juegos de consola en discutir la legislación para internet. En su momento, el interés de estos jóvenes en el proyecto MCR estimuló a los responsables públicos a presentar el proyecto en *Campus Party*, un reconocido evento brasileño de la industria del entretenimiento en línea.

Las herramientas web también motivaron que se sumaran al debate expertos que no habían participado previamente, que compartieron allí sus ideas. Los entrevistados comentan, por ejemplo, una saludable "batalla en línea" entre dos especialistas que apoyaban propuestas diferentes acerca de la regulación de los registros de conexión conservados por los proveedores de servicios de internet. La discusión comenzó en la sección de comentarios de su sitio, pero se volvió tan extenso (en cantidad de texto y de comentarios) que los responsables decidieron publicarlo en el sitio principal en un documento bien redactado que compilaba los aportes de cada autor.

URUGUAY: UNA CONSULTA SIN CONVICCIÓN

En 2010 el gobierno nacional de Uruguay anunció que se encontraba abocado a la elaboración de un proyecto de ley con la finalidad de regular y sistematizar la normativa relacionada con el campo de las telecomunicaciones y el proceso de convergencia tecnológica que afecta a los medios de comunicación.

Explícitamente se impulsó, desde la Dirección Nacional de Telecomunicaciones del Ministerio de Industria, Energía y Minería (DINATEL - MIEM), un cronograma de actividades que incluyó la creación de un Comité Técnico Consultivo (CTC) de 30 miembros, con personalidades vinculadas con una amplia variedad de organizaciones civiles y comerciales involucradas en la temática del proyecto, para que hicieran propuestas y dieran sus opiniones.

Asimismo, se decidió la realización de una serie de conferencias con especialistas internacionales, la organización de diferentes debates y foros temáticos y la apertura de un sitio web. En principio, el sitio se usaría para recibir los aportes de otros actores interesados y para publicar las actas del CTC, de modo que el proceso fuera transparente.

Para fines del año 2010 el CTC había elaborado un documento con los principales aportes recabados. En tanto proceso consultivo, el CTC es un clásico cuerpo asesor[6] que usó la internet de manera innovadora para aumentar la transparencia del proceso y para invitar a otras partes interesadas a contribuir con el debate (Rodríguez 2011).

Gracias al éxito del trabajo del CTC, Uruguay encontró en sus propulsores la voluntad explícita, expresada en diversos documentos y declaraciones públicas del subsecretario del MIEM Edgardo Ortuño y del, hasta ese momento, director de la DINATEL Gustavo Gómez, de llevar la discusión de otros temas relacionadas con politicas públicas de comunicación a más actores involucrados y a la opinión pública en general.

Antecedentes del proyecto de consulta pública sobre televisión digital en Uruguay

A partir de marzo de 2011, algunos representantes de DINATEL y de la Fundación Comunica mantuvieron una serie de conversaciones con nuestro equipo de investigación acerca de las consultas públicas "virtuales" y la posibilidad de emplearlas para apoyar los esfuerzos de DINATEL en la elaboración de diversas políticas. Acordamos emprender una consulta pública que sería planificada por el equipo de investigación, convocada por la DINATEL e implementada de manera conjunta.

---

6 Ver Cuadro 1 en pág. 98

Contemplamos una cantidad de temas, entre otros las propuestas que habían surgido en el CTC para la nueva legislación sobre servicios audiovisuales, y finalmente nos decidimos por la política de televisión digital que DINATEL estaba elaborando en ese momento, que consideramos era un tema más manejable para una primera experiencia. Se estableció que la consulta se realizaría entre el 22 de setiembre y el 7 de octubre de 2011, y posteriormente se extendió el plazo hasta el 14 de octubre.

En términos de los instrumentos tradicionales para las consultas públicas presentados al comienzo del capítulo, la consulta fue concebida en su origen como una audiencia pública virtual con el agregado de determinados elementos clave, característicos de los procesos de notificación con solicitud de comentarios.

Además de proporcionar un espacio para que las personas y los grupos interesados pudieran realizar comentarios acerca de un conjunto de propuestas, el proceso buscaba aumentar la capacidad del público para participar de manera eficiente, ofreciendo para ello información contextual (artículos, documentos regulatorios, propuestas para soluciones alternativas). Esta información contextual fue de particular importancia para tratar el tema de la televisión digital y otras cuestiones relativas a las telecomunicaciones en Uruguay, donde la opinión pública suele quedar ajena al debate e ignora los verdaderos impactos de las orientaciones de las políticas públicas sobre información y comunicación frente al advenimiento de las nuevas tecnologías. Como se demuestra en una encuesta que realizáramos en octubre de 2011 por encargo de la DINATEL, la opinión pública desconoce el debate objeto de la consulta pública e incluso, pese a la difusión mediática, ignora la intención del gobierno de presentar un proyecto de ley de Servicios de Comunicación Audiovisuales.

	Sí	No
Conocimiento de la existencia de un debate sobre el tema	15%	85%
Conocimiento sobre la intención del gobierno de presentar una nueva ley regulatoria	23%	77%

La consulta iba a ser convocada por la DINATEL, que además tendría la última palabra respecto del contenido y el diseño general del proceso consultivo. En otras palabras, igual que en el caso brasileño, en las etapas de planificación inicial se trataba de una consulta gubernamental.

DINATEL, a través de su director Gustavo Gómez, participó activamente en el diseño de la consulta, aportando ideas para el diseño y la propuesta en general.

La academia también asumió un papel muy activo, proporcionando varios de los artículos incluidos para provocar o contextualizar los debates y las participaciones. La ciudadanía dispondría de un espacio público y horizontal donde expresarse, y el gobierno tendría el compromiso de escuchar.

La situación cambió completamente cuando, a principios de agosto de 2011, el ministro del MIEM anunció que Gustavo Gómez sería separado de su cargo como director de la DINATEL a fines de octubre. Esta fue la primera de dos acciones inesperadas del ministro, que significó que si bien Gómez continuaría como director nominal de la DINATEL hasta el final de la consulta, se vio forzado a reconsiderar su decisión de convocarla e incluso de participar en ella[7]. La decisión de Gómez de adoptar un perfil bajo a partir del anuncio de su salida de la DINATEL modificó en sus fundamentos la naturaleza de la consulta, que pasó de ser convocada por el gobierno a ser sólo apoyada por éste.

La segunda acción inesperada del ministro tuvo lugar a fines de la primera semana de la consulta. Cuando el 28 de setiembre se filtró a la prensa un proyecto de decreto presidencial sobre la regulación de la transición a la transmisión de televisión digital,

---

7 Los motivos de la separación de Gómez de su cargo fueron expresados de forma opaca por parte del ministro Roberto Kreimerman, aduciendo que "ha habido diferencias en el método de trabajo, pero dentro de un ambiente de gran respeto mutuo". Sin embargo, ni la consulta ni las políticas relacionadas con televisión digital parecen ser los motivos. Según la mayoría de los observadores tuvo que ver con diferencias en cuanto a políticas de telecomunicación, área que también es responsabilidad de DINATEL.

la reacción inmediata del ministro fue publicar el proyecto en el sitio web del MIEM y solicitar opiniones sobre él.

Si bien esta consulta oficial era restringida[8], porque se solicitó que los comentarios se dirigieran directamente al ministerio y no se proporcionó ningún tipo de contexto o antecedentes, el hecho de que se haya realizado en forma paralela a la de consulta pública en línea, y sin ninguna comunicación previa al equipo a cargo de ésta, señalaba claramente que para ese entonces nuestro proyecto ya no contaba con el apoyo del gobierno. Se había transformado en una consulta conducida por ciudadanos, no oficial, y ni siquiera se tenía la garantía de que el gobierno fuera a tener en cuenta los resultados.

Contenidos del sitio web consultapublica.org.uy

El sitio web *consultapublica.org.uy* se implementó con el fin de dar lugar al desarrollo de un debate abierto, que integrara a las autoridades gubernamentales, los aportes académicos, los empresariales y de organizaciones sociales y políticas vinculadas al área de la televisión digital.

Se buscaba propiciar una deliberación informada e inclusiva, y que llegara al mayor abanico posible de la opinión pública. De esta manera, se trató de exponer las principales líneas que articulan el debate en torno a la inclusión de la televisión digital en la vida de los uruguayos. Se incluyeron en el sitio opiniones de actores relevantes de la órbita política y académica, para que los ciudadanos pudieran confrontar las diferentes opiniones y posiciones específicas sobre las políticas de televisión digital más adecuadas para nuestro país.

Los diversos recursos comunicativos empleados en el sitio se agruparon en tres áreas o dimensiones temáticas. Cada dimensión temática en el sitio ofrecía:

---

8 Según la clasificación antes empleada, la consulta del MIEM fue del tipo "circulación de propuestas para consideración pública", "destinada a consultar grupos de interés reconocidos, excluyendo a grupos menos organizados y al público en general". Ver Cuadro 1 en p. 98.

- Una breve introducción al tema, redactada por un especialista, expresada en forma clara, con el fin de permitir a quien accedía a la consulta informarse y contrastar posiciones antes de expresar la suya.

- Un audiovisual en formato "vox populi" que mostraba diversas opiniones sobre el advenimiento de la televisión digital (expectativas, conocimiento del tema, valoraciones en general).

- Artículos académicos que operaran como disparadores del debate. Entre ellos se incluyeron columnas de opinión de distintos actores presentes en los debates desarrollados durante el año 2010, junto a las de otros actores de importancia para la opinión pública, al igual que informes académicos con diversos grados de profundización, adaptables a las audiencias potenciales, enfatizando el acceso a un público no especializado.

- Foros de discusión a partir de una pregunta "disparadora". Se detaca que entre las opiniones vertidas en los foros durante la consulta, algunas explicitaban la adhesión o rechazo a artículos concretos.

- Encuestas de múltiple opción.

- Noticias de prensa sobre el tema y vínculos hacia otros sitios web con información ordenada y relevante.

Tanto los artículos como las noticias y las encuestas podían ser comentados, previo registro en el sitio, propiciándose así el intercambio y la interacción entre los visitantes. Los foros y los artículos fueron diseñados especialmente para lograr participaciones más informadas, con cierto manejo de la temática. Para participar de las encuestas de múltiple opción no era necesario estar registrado, bastaba con señalar la opción deseada.

El lenguaje gráfico del sitio buscó darle un perfil amigable, simple y visualmente atractivo. Con la finalidad de difundir información del sitio y generar debates en otros ámbitos se asociaron las redes Facebook (grupos ConsultaPública y Televisión digital en Uruguay) y Twitter (*@consultapublica*), donde se publicaban noticias, extractos de comentarios del sitio y todos los contenidos nuevos.

Las dimensiones temáticas seleccionadas fueron: (i) institucionalidad: inclusión y transparencia; (ii) regulación y reguladores, y (iii) uso del espectro radioeléctrico.

Contingencia política y cambio de estrategia

Como señalamos antes, durante la implementación de la consulta pública sobre televisión digital entre el 22 de septiembre y el 14 de octubre de 2011, se desarrollaron dos sucesos que modificaron sustantivamente los supuestos de esta experiencia y la condicionaron fuertemente: el alejamiento de Gustavo Gómez de su cargo al frente de la DINATEL por parte del ingeniero Roberto Kreimerman, ministro del MIEM y la filtración, el 28 de setiembre de 2011, de un importante proyecto de decreto que recaía sobre el centro del debate propuesto, filtración que motivó una consulta paralela, limitada pero oficial, por parte del MIEM.

La separación de Gómez de su cargo afectó al proyecto en los siguientes sentidos:

- Desapareció el principal interesado para el buen desarrollo de la consulta, aun antes de su lanzamiento.
- No se pudo contar con la participación directa de Gustavo Gómez o la DINATEL en la difusión de la consulta pública.
- Sin un interlocutor oficial en el gobierno, la iniciativa se transformó en una consulta no oficial, sin apoyo formal del gobierno.

Si bien consideramos que podíamos beneficiarnos del hecho de que Gómez seguiría ejerciendo el cargo de director de la DINATEL durante el resto del período de consulta, su partida inminente impedía que se contara con él como apoyo formal. Hubiera sido posible obtener el apoyo de algún otro funcionario de jerarquía, pero sin el apoyo oficial del MIEM la consulta dejaba de ser parte de un proceso formal para la elaboración de políticas. Fue entonces que decidimos continuar con una consulta pública "indirecta", en tanto no fue formalmente convocada por el gobierno.

Finalmente, la convocatoria fue realizada directamente por la Fundación Comunica, y la difusión se redujo a los esfuerzos que ésta pudiera hacer con el apoyo de los investigadores universitarios responsables del proyecto, quienes conectaron las diferentes redes existentes en el campo de las comunicaciones, como los propios espacios académicos de la Licenciatura de Ciencias de la Comunicación y de la Asociación Uruguaya de Ciencia Política, junto con las organizaciones como la Coalición por una Comunicación Democrática y la Asociación de Productores Audiovisuales (ASOPROD). Asimismo, se publicaron algunos artículos de prensa en los medios tradicionales de comunicación.

La filtración del proyecto de decreto favoreció la difusión de la temática desarrollada en la consulta y la exposición de las propias autoridades de gobierno. Esto produjo una revitalización del tema y del espacio en línea, donde rápidamente se constituyó un foro especial sobre el proyecto de decreto, que fue publicado en el sitio *www.consultapublica.org.uy*. Asimismo, se generó un incremento de la participación y una cierta formalización de uno de los objetivos más importantes de la experiencia, que fue la relación entre las autoridades del gobierno con la interacción de los insumos académicos, las opiniones políticas y de los partidos, y todo ello frente a la mirada abierta de la ciudadanía. Sin embargo, el diálogo nunca fue directo ni gestionado desde la institucionalidad estatal, sino que fue marcado por la agenda mediática y sistematizado con las herramientas con las que contaba el sitio: encuestas, foros y artículos.

Dos consultas y dos modelos

Si bien la filtración del decreto revitalizó el tema, la decisión del ministro de publicar el decreto y empezar una consulta en paralelo a la nuestra demostró la ruptura total de nuestra relación con el MIEM[9]. De manera que hubo "una doble consulta", con dos procesos simultáneos, uno con la perspectiva de llegar a la ciudadanía y otro que apuntaba a incorporar demandas específicas de actores directamente involucrados en la industria audiovisual.

La consulta oficial del MIEM recibió aportes de dos ciudadanos independientes y diez actores institucionales: la Red Iberoamericana MELISA (Mejora de la Calidad de Servicios Interactivos y Accesibilidad en la TDT para reducir la brecha digital), la Licenciatura en Ciencias de la Comunicación de la Universidad de la República, la Coalición por una Comunicación Democrática (CCD), la Cámara Uruguaya de TV para abonados, un canal de televisión privado, tres empresas de televisión por cable, la telefónica Claro (Telmex), el capítulo uruguayo de la Asociación Mundial de Radios Comunitarias (AMARC) y la Asociación Nacional de Broadcasters Uruguayos (ANDEBU)[10]. Las propuestas planteadas en este formato de consulta fueron reactivas al decreto, cuando no la reiteración de posiciones sostenidas por algunos actores en el marco del CTC o defensas corporativas ante la posibilidad de rediseño del ecosistema de los servicios de comunicación audiovisual en Uruguay.

---

9 La consulta oficial se limitaba a publicar el proyecto del decreto y recibir comentarios. "(...) El objeto de la consulta es abrir un espacio al público en general a manifestar sus opiniones y propuestas respecto del proyecto de decreto sobre TV digital terrestre abierta (...) Para ello, el texto estará disponible durante los próximos 7 días en la página web del MIEM. Los comentarios, propuestas y sugerencias se podrán enviar a través del correo electrónico (...) o mediante una nota firmada (...) Dichos comentarios serán publicados en la página web del MIEM y de DINATEL, una vez finalizado el período de consulta". www.presidencia.gub.uy/wps/wcm/connect/presidencia/portalpresidencia/comunicacion/comunicacionnoticias/miem-abre-consulta-publica-decreto-television-digital-terrestre-abierta-tvd

10 Los aportes se encuentran publicados en www.miem.gub.uy/gxpfiles/miem/content/video/source0000000059/VID0000050000001801.pdf www.miem.gub.uy/gxpfiles/miem/content/video/source0000000059/VID0000050000001802.pdf

En contraste, la participación de actores de la industria y de representantes de instituciones estatales fue escasa en nuestra consulta. Incluso el conglomerado de organizaciones públicas y privadas nucleadas en la CCD, por demás activo en todo el proceso llevado adelante por la DINATEL durante el año 2010 en relación a la discusión en el marco del CTC, fue expresamente convocado y no participó de la consulta.

En forma comparativa podemos observar que el formato elegido por el MIEM se orientó a la comparecencia burocrática y formal de las corporaciones, mientras que *consultapublica.org.uy* buscó convocar a los ciudadanos, sin descuidar la participación de entidades gremiales, corporativas y partidarias. Mientras que en la consulta del MIEM la metodología adoptada no preveía ninguna posibilidad de diálogo con el consultante o entre los participantes, dejando tan solo una dirección postal electrónica y otra convencional, la estrategia general del sitio *consultapublica.org.uy* estuvo fuertemente impregnada por una vocación de intercambio horizontal tendiente a la inclusión de las visiones ciudadanas en la gestación de políticas públicas.

En relación a las contribuciones recabadas por nuestra consulta, el ministro no las solicitó (aunque había indicado extraoficialmente que las tomaría en cuenta), y en el informe de la consulta oficial no se hace ninguna referencia a ellos.

Las dos consultas tenían objetivos diferentes y por tanto también difirieron en los resultados. Consideramos que nuestra iniciativa se adaptó mucho más a una concepción participativa pluralista, donde el énfasis radicaba en el desarrollo de un espacio público para la deliberación de razones y argumentos, mientras que la iniciativa del MIEM se adaptó a la lógica de intereses particulares de tipo tradicional. Esta última atrajo participaciones corporativas y particulares, bajo una lógica de incidencia directa sobre la política pública en cuestión y sobre los encargados de políticas adscriptos a ella. Desde este punto de vista, la consulta del MIEM resultó mucho más exitosa en su incidencia que la impulsada por nosotros.

Los cambios y sus efectos en la consulta

La simultaneidad de "consultas" a la que se vio expuesta la ciudadanía en Uruguay refleja algunas rigideces e inercias propias de las rutinas políticas vernáculas, pero también muestra las carencias del Estado uruguayo para la gestión pública del entramado legal sobre asuntos públicos. La falta de coordinación entre las agencias, ministerios y presidencia atestigua sobre los esfuerzos asociados a cuadros gobernantes y no a prácticas o protocolos precisos en la gestión de la discusión de políticas públicas que atienden a bienes y derechos universales.

En Uruguay la tramitación política recorre caminos convencionales e institucionales rígidos. Fruto de una fuerte impronta partidocéntrica, las políticas públicas mantienen una formulación incremental acotada a los partidos y, en algunos casos, a organizaciones o corporaciones estatales o privadas.

Un análisis de los hechos permite inferir algunos de estos espacios problemáticos, a la vez que podemos observar algunos intentos de cambio. El entusiasmo inicial por la consulta, durante la dirección de Gustavo Gómez, es un ejemplo de ello. Sin embargo, el sistema político no cuenta, como sistema, con la robustez necesaria para llevar adelante prácticas innovadoras, y recurre de manera constante a una centralidad anclada en los partidos políticos como único camino posible de implementación de políticas públicas, dejando entrever una falta de adecuación a entramados sociales nuevos y más complejos como los creados por las nuevas tecnologías.

La elaboración de políticas públicas sigue estando en el coto de lo parlamentario, lo que asume el riesgo de llevar adelante debates que por su complejidad terminan siendo "simulacros" de debate, sin comparecencia ciudadana y muchas veces sin la debida participación de la academia en la consecución del entramado regulatorio y legal, y la incorporación de evidencia empírica y saber especializado no encuentra canales directos para llegar a los tomadores de decisión.

Podemos acotar que la consulta pública realizada en Uruguay mostró:

- La falta de protocolos legales para el desarrollo de consultas públicas directas, convocadas por el gobierno de cara a la conformación de leyes y regulaciones, con la excepción del mecanismo de referéndum.

- La existencia de una fuerte competencia institucional en el área de las telecomunicaciones dentro del Estado uruguayo sobre quién es el ente regulador, quién es el diseñador de políticas, además de que algunos entes ofician al mismo tiempo como reguladores y agentes comerciales, como el caso de la empresa estatal de telecomunicaciones ANTEL.

- La designación política de los cargos con responsabilidades en estas agencias agrega mayor debilidad a la gestión de éstas, por quedar supeditadas a cargos de confianza política, que muchas veces mantienen una lógica de distribución sectorial en la interna de los partidos políticos en el gobierno.

- El régimen presidencial de gobierno con ajuste a un Poder Ejecutivo fuerte, hace dificultoso el desempeño de agencias como la DINATEL y la Unidad Reguladora de Servicios de Comunicación (URSEC), condicionadas muchas veces por el organigrama institucional que las coloca en un régimen de dependencia directa con el Poder Ejecutivo de turno.

- La dispersión legal en el campo de los servicios de comunicación audiovisuales y de las telecomunicaciones agregan mayor confusión en éste. Las competencias institucionales a su vez son más complejas debido a la complejidad de un entramado legal superpuesto, redundante y muchas veces limitado.

- El recurso a la regulación por la vía del decreto presidencial deja un panorama discrecional, cerrado al Poder Ejecutivo.

CONCLUSIONES TENTATIVAS

Más allá de las diferencias y similitudes entre los dos estudios de caso, el análisis realizado permite establecer algunas conclusiones tentativas a modo de aprendizajes.

1. Para que una consulta pública tenga éxito, el Estado debe estar preparado y dispuesto a llevarla a cabo, asegurando desde el inicio la existencia de recursos financieros y humanos suficientes. Además, las instituciones gubernamentales deben comprometerse a tener en cuenta los resultados de la consulta.

Las dos experiencias de consulta pública analizadas muestran que las instituciones gubernamentales importan, y mucho. Haber obtenido (o no) el apoyo del gobierno resultó un criterio fundamental para evaluar el éxito general de cada proyecto. En el caso de Brasil, el apoyo del MJ y el MC fue decisivo en la planificación, promoción y realización de la iniciativa. En Uruguay, el apoyo irregular de DINATEL y el MIEM dejó severamente comprometidas las actividades del proyecto.

Por otra parte, las consultas en línea pueden constituir un importante foro para la democracia, pero ni los temas que se definen ni las soluciones propuestas a través de las consultas públicas tienen el poder de una ley. En Brasil, la consulta en línea logró elaborar un proyecto de ley para someter al Congreso pero, pasado más de un año, aún no se ha votado la ley. Por su parte, en Uruguay las aportaciones recibidas en línea a través de la web 2.0 fueron ignoradas por el ministerio.

Tal vez sea cierto que la participación extra-gubernamental (de la ciudadanía, de grupos de interés) en el proceso de elaboración de leyes sea más amplia cuando se hace en línea en vez de a puertas cerradas, gracias a la naturaleza visible, transparente y colaborativa de internet. Sin embargo, los foros en línea todavía dependen en gran medida de los poderes legislativos y ejecutivos para aumentar su significación y su impacto.

Vale destacar que Brasil cuenta con una legislación específica que regula la promoción de consultas públicas y, como resultado de la experiencia del MCR, se incluyó en la legislación la regulación de consultas en línea. En Uruguay, sin embargo, no hay legislación que regule las consultas públicas.

2. Otro aspecto en que la participación del Estado resulta relevante es la difusión de la iniciativa.

En Brasil, los responsables políticos decidieron asistir a la mayor cantidad posible de conferencias y eventos para divulgar el proyecto. También reconocieron la importancia de la cobertura de los medios de comunicación, después de haber utilizado su cuenta de Twitter y su página web para aumentar la exposición de la cobertura mediática recibida.

En Uruguay la difusión se redujo casi exclusivamente a las redes académicas, a algunos artículos de prensa y a una muy escasa repercusión en los medios masivos de comunicación. El ensayo uruguayo dejó en evidencia la importancia de contar con los recursos políticos del Estado como convocante de una instancia de consulta (y también los económicos y administrativos) con independencia del formato elegido.

3. En tercer lugar, destacamos la importancia del papel de las instituciones académicas.

En el caso de Brasil, el apoyo del CTS fue decisivo para elegir qué plataforma utilizar, para decidir sobre la forma de moderar los comentarios y para colaborar con las instituciones gubernamentales en la redacción del proyecto final. La participación de CTS, una organización con reconocida experiencia en el tema, también contribuyó a la legitimidad de la consulta y comunicó que el gobierno tomaba en serio la participación extra-gubernamental.

En el caso de Uruguay, un grupo de investigadores de la Universidad de la República, convocados por una organización civil, se ocupó del diseño y la operación de la plataforma web y de la selección de los materiales considerados necesarios para proporcionar información contextualizada a quienes participaran de la consulta. En ambos casos, la participación de la academia aseguró que la evidencia tuviera un rol central en las deliberaciones.

4. Otro desafío fue lograr la participación de los grupos de interés.

En Uruguay, la tramitación política se desarrolla dentro de ámbitos tradicionales e institucionalizados, bajo una impronta fuertemente partidocéntrica y/o corporativa. Eso hizo que, al tener la posibilidad de participar de una consulta pública abierta en línea y/o enviar comentarios a una casilla del MIEM, los grupos interesados, tanto del sector privado como de la sociedad civil, se inclinaron por la opción tradicional.

En Brasil, los responsables políticos se sorprendieron de cómo los públicos que normalmente no prestan atención a las iniciativas de formulación de políticas participaron en el debate. Al mismo tiempo, algunas de las partes tradicionalmente interesadas, principalmente del sector privado, se mostraron reticentes a compartir sus contribuciones en línea. Varias empresas intentaron, por ejemplo, enviar las contribuciones por correo electrónico o por carta en vez de participar en los espacios públicos en el sitio web. Sin embargo, manteniendo el criterio de transparencia, los responsables políticos sólo aceptaron esos aportes cuando sus autores estuvieron de acuerdo en que fueran publicados en el sitio web.

5. Por último, como ocurre en toda consulta sobre políticas, el tema en discusión importa.

Es más probable que las personas participen cuando perciben que sus intereses están en juego. Más aun, precisamente porque hay intereses particulares o institucionales en juego, los procesos democráticos de elaboración de políticas deberían instrumentar consultas con los interesados para asegurar que todos estén contemplados y procurar consensos entre los intereses en conflicto.

Sin embargo, las consultas en línea contienen un sesgo propio. Por ejemplo, parte del éxito de la consulta brasileña se debe a que el tema en cuestión, la gobernanza de internet, fue considerado importante por los ciberactivistas, una comunidad especialmente calificada y habituada a la deliberación en línea. En efecto, las consultas similares llevadas a cabo con posterioridad al MCR, una sobre protección de datos personales y otra sobre propiedad intelectual, no produjeron el mismo grado de interés en la población.

REFERENCIAS BIBLIOGRÁFICAS

Blumler, J. G. y S. Coleman. 2009. *The internet and democratic citizenship: theory, practice and policy* (p. ix, 220 p.). Cambridge: Cambridge University Press.

D4176. 2002. Decreto nº 4.176, de 28 de Março de 2002. Presidência da República, Casa Civil, Subchefia para Assuntos Jurídicos. Brasilia. www.planalto.gov.br/ccivil_03/decreto/2002/D4176.htm

Freedman, Des. 2008. *The politics of media policy*. Cambridge: Polity Press.

Macintosh, Ann. 2003. *Promise and problems of e-democracy: challenges of online citizen engagement*. Paris: OECD www.oecd.org/dataoecd/9/11/35176328.pdf

PL 84/99. 1999. Projeto de Lei. Dispõe sobre os crimes cometidos na área de informática, suas penalidades e dá outras providências. Brasilia: Cámara dos Deputados. www.camara.gov.br/proposicoesWeb/fichadetramitacao?idPropo sicao=15028

PLC 89/03. 2003. Projeto de Lei. Dispõe sobre os crimes cometidos na área de informática, e suas penalidades, dispondo que o acesso de terceiros, não autorizados pelos respectivos interessados, a informações privadas mantidas em redes de computadores, dependerá de prévia autorização judicial. Brasilia: Senado Federal. www.senado.gov.br/atividade/materia/detalhes.asp?p_cod_mate=63967

Rodríguez, Lourdes. 2011. *Hacia una ley de servicios de comunicación audiovisual: relatoría del proceso de participación y consulta*. Montevideo: Friedrich Ebert Stiftung.

Soares, E. 2002. "A audiência pública no processo administrativo". *Revista do Ministério Público do Trabalho*, v. 12, n. 24, p. 22-49, 2002.

EXPLORACIONES

6. INTRODUCCIÓN

Algunos de los proyectos ejecutados al amparo de Impacto 2.0 trataron de congregar, en espacios en línea, a investigadores, decisores y otras partes interesadas con el objetivo más o menos explícito de hacer que se conocieran mejor y se creara confianza mutua. Otros proyectos examinaron si las diversas partes interesadas en una política están dispuestas a utilizar las herramientas y aplicaciones en línea, y trataron de identificar los obstáculos para su uso en términos de acceso, capacitación, interés y políticas. Otro resultado del proyecto es la *iGuía de Impacto 2.0*, un manual basado en una *wiki*, diseñado para auxiliar a los investigadores en el empleo de instrumentos para la sociabilidad en línea, que les permita (i) entender mejor el contexto político; (ii) desarrollar y cultivar relaciones con hacedores de políticas y otros actores interesados.

Esta sección reúne estas experiencias preliminares en forma de pequeños estudios de caso, informes de investigación y artículos que señalan áreas de investigación futura.

7. COMUNICAR, COLABORAR Y AFIANZAR RELACIONES: CUATRO EXPERIENCIAS

Estela Acosta y Lara

Aquí se reseñan cuatro proyectos apoyados por Impacto 2.0 que ensayaron aplicaciones de la web social para (i) la comunicación de resultados de la investigación a audiencias no académicas, incluyendo a políticos; (ii) elaborar en colaboración, entre investigadores y responsables de políticas, propuestas sustentadas en los resultados de la investigación y (iii) el afianzamiento de las relaciones entre investigadores, decisores y otros actores interesados en una política pública.

Las nuevas TIC en general y la web social en particular pueden :

- ampliar la difusión de los mensajes, para llegar a audiencias más numerosas y diversas, y así multiplicar los receptores potenciales de lo que se quiere comunicar;

- bajar los costos de producción, abaratando la elaboración de formatos diversos de presentación de información –tanto tradicionales como innovadores– para adaptarlos a la audiencia que se quiere alcanzar;

- estimular el trabajo en colaboración en ámbitos en línea, entre los diversos actores involucrados en diseñar políticas públicas, para producir aportes sustentados en evidencia académica; establecer y afianzar relaciones a través de las redes sociales.

Cada uno de los proyectos presentados en esta sección buscó incorporar tecnologías para mejorar la comunicación y aumentar su influencia en políticas. Dos de los proyectos reseñados parecen indicar que los ambientes web 2.0 son adecuados para crear espacios para la deliberación y la búsqueda de consensos. Sin embargo, también encontraron dificultades. En coincidencia con estudios similares llevados a cabo en otras regiones[1], se constata que los investigadores académicos comparten una serie de reservas respecto al uso de las redes sociales y otras herramientas de web social, que van desde cuestiones de seguridad relativas a la publicación de productos de su trabajo hasta la falta de conocimiento sobre la capacidad potencial de las herramientas, pasando por dificultades como la falta de tiempo y de incentivos para evaluar las muy numerosas y cambiantes aplicaciones 2.0.

Por otro lado, las evaluaciones de estos experimentos destacan la importancia de la legitimidad y credibilidad de los centros de investigación que patrocinan la actividad para que una convocatoria a trabajar en colaboración sea fructífera (es el caso, por ejemplo, del proyecto de Costadigital). Además, vale la pena destacar la importancia de contar con objetivos claros y definidos acerca de lo que se espera obtener del trabajo colaborativo (por ejemplo, resúmenes ejecutivos sobre alguna política sanitaria específica, como en el caso de EVIPNet) y de las herramientas seleccionadas para generar esos espacios de colaboración (la falta de conocimiento y práctica de una aplicación *wiki* fue uno de los principales obstáculos que enfrentó el proyecto del CLAEH).

---

1 Procter et al. 2010. "Adoption and use of Web 2.0 in scholarly communications". En *Phil.Trans. R. Soc. A 368*, 4039–4056 y Brown, C. 2011 "Are southern academics virtually connected? A review of the adoption of web 2.0 tools for research collaboration by development researchers in the South". GDNet.

Como se señala en las conclusiones de una revisión bibliográfica reciente, "numerosas actividades pueden facilitar la incoporación del saber en las políticas públicas: comunicación, traducción, interacción e intercambio, uso de la influencia social y de intermediarios"[2] (Jones 2009). Como lo muestran los proyectos que se reseñan aquí, internet y la web 2.0 tienen la capacidad de facilitar la ejecución de todas esas actividades, sólo hace falta seguir investigando.

ESPACIO COLABORATIVO EN LÍNEA EVIPNET AMÉRICAS

Debido al creciente interés de incorporar la evidencia científica a la toma de decisiones en políticas de salud, durante los últimos años se han ido conformando redes integradas por tomadores de decisiones e investigadores en distintas regiones del mundo con la finalidad de promover el uso de evidencia en los procesos de formulación e implementación de políticas sanitarias. Una de estas iniciativas, impulsada por la Organización Mundial de la Salud (OMS), es EVIPNet (del inglés EVidence-Informed Policy Networks), una red que "promueve alianzas dentro del país entre las instancias normativas, los investigadores y la sociedad civil para facilitar tanto la formulación de políticas como su puesta en práctica mediante el uso de las mejores pruebas científicas reunidas"[3]. Coordinado en la región de las Américas por la Organización Panamericana de la Salud (OPS/PAHO), el Secretariado de EVIPNet Américas ha venido promoviendo la realización de talleres presenciales para generar capacidades en los países participantes para la elaboración de resúmenes ejecutivos sobre temas de salud pública de interés nacional. Entre las muchas dificultades que se presentan para

2 Jones, Harry. 2009 "Policy-making as discourse: a review of recent knowledge-to-policy literature". ODI-IKM Working Paper 5.

3 new.paho.org/hq/dmdocuments/2011/vambisle.pdf

redactar esos resúmenes se encuentran los retos logísticos que implica la planificación de sesiones de trabajo con personas que habitualmente están muy atareadas y habitan distintas regiones de cada país.

Las tecnologías de la información y la comunicación (TIC) permiten salvar la dispersión geográfica y los desfases temporales mediante la creación de espacios de trabajo colaborativo asincrónico. En este contexto, durante 2011, un grupo de investigadores de la Unidad de Investigación en Políticas y Sistemas de Salud de la Pontificia Universidad Católica de Chile exploró y evaluó la utilización de una aplicación implementada en la plataforma Ning, un servicio web con funcionalidades para soportar redes sociales privadas, como parte de un enfoque alternativo y complementario a la colaboración cara a cara tradicional EVIPNet. Así, se implementó el Espacio Colaborativo en Línea EVIPNet Américas para apoyar el proceso de elaboración de resúmenes entre varios actores, por la vía de contribuir al desarrollo y conformación de los grupos, proveer información relativa a la elaboración de resúmenes y activar el intercambio de información entre los grupos.

El objetivo no fue producir cambios importantes en el proceso, sino explorar la capacidad de la tecnología para amplificar el trabajo colaborativo de investigadores y hacedores de políticas. El equipo de investigadores de la Pontificia Universidad Católica de Chile investigó, a través de encuestas y entrevistas, cómo incidió la participación en una red social específica, hecha a medida, en el trabajo de los grupos de la red EVIPNet.

Finalmente, la herramienta no fue utilizada en el grado ni con la intensidad que se esperaba debido a una serie de limitaciones y barreras tanto de los equipos-país, su contexto y la forma en que se introdujo la herramienta. Algunas de las constataciones del equipo de investigación son:

1. La plataforma competía con otros sitios y herramientas informáticas, y los grupos optaban por herramientas más

consolidadas, como el correo electrónico, el teléfono y las reuniones.

2. Se recomendó a los grupos locales el uso de la plataforma, pero no era obligatorio para la realización del trabajo. Los entrevistados señalaron que si se hubiera impuesto su uso, probablemente se la habría usado más. Tal vez esa valoración se deba a que los integrantes de los grupos provenían en su mayoría de organizaciones gubernamentales o académicas altamente burocratizadas y jerarquizadas. Es posible que en un contexto de múltiples tareas y desafíos, y con escasez de tiempo, las recomendaciones de carácter no obligatorio (como el uso de la plataforma) sean dejadas de lado independiente de su facilidad de uso y potencial beneficio.

3. Los facilitadores de los grupos nacionales constituyeron un agente clave en el funcionamiento de éstos. Si se hubiera puesto más énfasis en la demostración de los usos de la red, podrían haber tenido un desempeño más eficaz como "paladines".

4. El sentido de comunidad en los grupos estudiados se caracterizó por ser débil, breve y efímero. Los participantes perciben que los equipos no llegan a constituirse en verdaderas comunidades de práctica. Esto puede deberse en parte a la diversidad de procedencias de sus integrantes: el mundo académico (de la investigación) y el mundo de las políticas en salud (los tomadores de decisiones). Estos últimos tienden a rotar periódicamente, dependiendo de las administraciones de turno. De todos modos, muchas de las dificultades que se presentan cuando se crean comunidades presenciales también surgen cuando se crean comunidades virtuales.

Implementación de un software de apoyo a redes sociales para apoyar el desarrollo y consolidación de una red latinoamericana de tomadores de decisiones en políticas de salud, EVIPNet Américas, evipnet.ning.com. Tomás Pantoja Calderón, Mauricio Soto Duran y Valentina

Ubal, Unidad de Investigación en Políticas y Sistemas de Salud (UNIPSS), Pontificia Universidad Católica de Chile.

GENERAR ESPACIOS DE ENCUENTRO CON WEB 2.0

El proyecto realizado por Costadigital, *Construyendo el futuro de la informática educativa mediante el uso de la web 2.0: elaborando la agenda pública 2010-2020*, exploró herramientas y ambientes de la web 2.0 para "validar estrategias de uso de éstas para generar espacios de encuentro en línea" a fin de favorecer el trabajo conjunto entre investigadores y tomadores de decisión en ocasión de establecer lineamientos para el uso de las TIC en educación. Para ello implementaron las diversas etapas del método Delphi por medio de varias aplicaciones web 2.0 (como foros, blogs y redes sociales).

El método Delphi tiene una tradición de uso bastante extendida en investigaciones pedagógicas y es considerado una metodología eficaz y fiable. Consiste en la aplicación de cuestionarios en sucesivas vueltas, de tal forma que con las respuestas más comunes de cada vuelta se confecciona el cuestionario para la siguiente. Los cuestionarios se aplican a un grupo de expertos calificados en torno a un tema, a fin de llegar a un conjunto de opiniones consensuadas, que se establecen mediante análisis estadísticos. El proyecto demostró que es posible emular los espacios e instancias presenciales que requiere el método a través de aplicaciones web 2.0, con mínimas modificaciones al procedimiento.

La exploración llevada a cabo por el proyecto resultó exitosa en la medida en que se logró una buena participación de los convocados al panel y se obtuvieron resultados acordes a los esperados cuando se emplea la misma metodología en ámbitos "fuera de línea".

Sin embargo, más allá de que los ámbitos creados a través de aplicaciones web 2.0 resultaron adecuados para la experiencia planteada, el éxito alcanzado parece deberle mucho a factores contextuales. En efecto –y como era de esperarse– fueron determinantes de la buena concreción de las actividades: (i) la experiencia previa y la legitimidad en la temática de la institución que la condujo (Costadigital es un centro universitario especializado en la investigación en educación y TIC); (ii) sus sólidos contactos con representantes académicos, de diversos grupos de interés y del gobierno, lo que permitió convocar a especialistas y tomadores de decisión a participar de la experiencia y contar con su compromiso activo durante el desarrollo de ésta; (iii) la importancia y actualidad de la temática educativa y de las TIC en el contexto chileno, al igual que la legitimidad que han adquirido los especialistas en la formulación y la implementación de políticas[4].

Construyendo el futuro de la informática educativa mediante el uso de la web 2.0: elaborando la agenda pública 2010-2020. Makarena Alzamora, Centro Costadigital, Pontificia Universidad Católica de Valparaíso, Chile

OBSTÁCULOS PARA LA COLABORACIÓN

Según Marcia Rivera, investigadora principal del proyecto *Investigación y construcción de un diccionario de políticas sociales usando instrumentos de web 2.0,* la relativa laxitud con que conceptos claves se utilizan en el ámbito de la investigación, así como en la formulación y ejecución de política sociales, limita el proceso de comprensión mutua y accionar conjunto. Para enfrentar esta dificultad el proyecto contempló la elaboración colaborativa de definiciones de un conjunto de términos empleados en el ámbito de las políticas sociales. Para complementar este objetivo

---

4 Ver Araya y Barría en este volumen, p. 29

concreto, el proyecto trató de establecer un entorno virtual para la colaboración para así acercar a los investigadores, los tomadores de decisión, y otros actores interesados.

En la primera etapa, un grupo de académicos seleccionó los términos a trabajar y elaboró las definiciones de base (individual o colectivamente). Posteriormente se publicaron en una plataforma *wiki* a la que se podía acceder desde la página web del proyecto. También se lo promocionó a través de correos electrónicos y Facebook.

El proyecto cursó múltiples invitaciones, a diez académicos (estudiantes de posgrado, docentes e investigadores, y especialistas de la región), dieciséis tomadores de decisión (ministros de Desarrollo Social y sus equipos de asesores) y quince representantes de ONG que trabajan en temáticas de desarrollo. Si bien la mayoría de los invitados manifestó interés en la convocatoria, finalmente no hubo una participación activa en la redacción de los términos propuestos, ni en el aporte de comentarios.

El equipo de investigación identificó cuatro causas para esa escasa participación:

- desconocimiento de las virtudes de las aplicaciones *wiki* para el trabajo colaborativo;

- cambios frecuentes en la conformación de los equipos de trabajo ministeriales;

- el alto nivel de los académicos inhibe la participación en el proceso colectivo;

- falta de tiempo para la tarea.

Investigación y construcción de un diccionario de políticas sociales usando instrumentos de web 2.0 Marcia Rivera, CLAEH, Uruguay

VISIBILIZANDO LA MOVILIDAD

El proyecto *Movilidad y acceso a servicios públicos. Hacia el camino de la articulación y la participación*, intentó mostrar a las autoridades correspondientes la importancia de entender las cuestiones de transporte desde la perspectiva del acceso a servicios públicos. En términos de Carden (2009), ilustra una situación en la cual "un problema nuevo o emergente moviliza la investigación pero no a los políticos [...] que se mantienen reacios a la investigación o sus promesas"[5].

En efecto, los enfoques tradicionales acerca de la problemática del transporte público identifican el acceso a un servicio con la llegada al lugar donde se proporciona ese servicio. Sin embargo, la denominada Geografía del acceso maneja un concepto más abarcativo, por el cual el acceso resulta de la realización o concreción del servicio buscado (por ejemplo, asistir a clase, obtener medicación, etc.), y tiene en cuenta la duración del viaje, la hora del día a la que el servicio se ofrece y otros elementos que complican la actividad. Así, la "movilidad" resulta de la interacción del medio de transporte con aspectos personales del usuario y otros aspectos del servicio al que éste intenta acceder. La herramienta metodológica "historias de viaje" permite recoger datos cualitativos y cuantitativos, a través de entrevistas semiestructuradas, y así se obtiene información que expresa la práctica de viaje y el acceso a una actividad como resultados de la interacción de aspectos subjetivos y de condiciones objetivas, relativas tanto al transporte como a la actividad fin, de la cual resulta la realización de un viaje y la no realización de otros, y si se accede o no al servicio buscado.

Los casos estudiados fueron el acceso a los servicios de salud y educación especial para personas con discapacidad, y el acceso a la salud materna y la educación de nivel medio para jóvenes hasta 21 años en cuatro municipios de la región metropolitana de Buenos Aires.

---

5 Carden, Fred. 2009. *Knowlegde to Policy*. Singapore: Sage-IDRC.

La estrategia de comunicación planteada por el proyecto se apoyaba en dar "una voz" a las comunidades afectadas por problemas de movilidad y acceso, para que describieran con sus propias palabras la situación que viven. Para grabar y editar las entrevistas se emplearon equipos y programas de edición de bajo costo. Los videos resultantes fueron publicados en el sitio web del proyecto y en YouTube[6], y fueron mostrados a las autoridades locales en ocasión de entrevistas con ellas.

Las entrevistas grabadas se editaron de forma que los propios testimonios de las personas afectadas revelaran, tanto a ellos mismos como a las autoridades, la perspectiva teórica considerada, a la vez que sirvieran como una demostración contundente de las relaciones entre transporte y acceso a servicios públicos.

Los videos también ofrecieron un medio eficaz para comunicar los resultados de la investigación a las autoridades responsables de las políticas de transporte y salud pública, al exhibir las necesidades reales de determinados sectores de la población en esas áreas. También permitieron mostrarles una nueva perspectiva resultante de la investigación académica que permitiría dar una mejor solución a esas necesidades.

Movilidad y acceso a servicios públicos. Hacia el camino de la articulación y la participación. Andrea Gutiérrez, Instituto de Geografía, Universidad de Buenos Aires.

---

6 www.youtube.com/user/movurbanaysalud

8. LA *IGUÍA* DE IMPACTO 2.0

Karel Novotný

Para lograr que las conclusiones de sus investigaciones se vean reflejadas en las políticas públicas e institucionales, los académicos deben tener buena capacidad de relacionamiento y deben saber comunicar con habilidad las conclusiones de su trabajo a los tomadores de decisiones. Mucho de esto depende de la soltura personal y de las aptitudes para establecer relaciones de manera directa, sin embargo las tecnologías de la comunicación también pueden facilitar la interacción con quienes elaboran políticas, e incluso pueden ayudar a construir relaciones de colaboración con ellos. El surgimiento de las herramientas web 2.0 revolucionó las interrelaciones personales y el entretenimiento, pero a la vez trajo consigo nuevas oportunidades para que los investigadores puedan abrir canales de comunicación con otros grupos de interés, desarrollarlos, fomentar la discusión y el debate de su trabajo, construir una reputación –tanto en línea como fuera de ésta– y presentar las conclusiones de su trabajo de tal modo que puedan ser mejor comunicadas a quienes elaboran políticas y al público en general.

Si bien para contratar servicios web 2.0 no hace falta mucho más que crear una cuenta en línea, los investigadores interesados en emplear estas herramientas de manera estratégica para apoyar su trabajo de investigación dirigido a influir en politicas públicas deben tener en cuenta una serie de cuestiones. Entre ellas:

- El uso de muchas herramientas para redes sociales acarrea serias cuestiones de privacidad, ya que la separación estricta entre el dominio privado y el laboral es conflictiva y a veces hasta contraproducente.

- Las herramientas web 2.0 pueden ser de ayuda para llegar a comunidades que ya las están usando pero, por diversas razones, muchas de las personas con las que queremos comunicarnos no las usan. Por ejemplo, numerosas compañías u organizaciones –incluso administraciones gubernamentales enteras– bloquean el acceso de sus empleados a todas o a algunas de estas herramientas. Así, éstos resultan inaccesibles para quien quiera comunicarles las conclusiones de su trabajo académico u otros mensajes clave.

- Las herramientas cambian constantemente, los servicios establecidos desaparecen y surgen otros nuevos, y las cuentas, las identidades en línea y los hábitos de trabajo parecen estar en un flujo constante e inmanejable, creando un estado de caos interno que puede interrumpir cualquier avance en la comunicación o la colaboración con actores externos. Dichos cambios pueden resultar costosos, y a medida que los servicios desaparecen o caen en desgracia obligan a emprender búsquedas tediosas y caras, a realizar ensayos o a cambiar repentinamente de estrategia.

- El modelo basado en la publicidad de muchos servicios web 2.0 produce una gran cantidad de ruido y puede no ser compatible con la imagen que desearía proyectar una organización académica o una entidad de gobierno.

La *iGuía de Impacto 2.0* apunta a la ambiciosa meta de auxiliar a los investigadores académicos, los encargados de las políticas públicas y los activistas a enfrentar algunos de los retos mencionados más arriba, y a guiarlos a través del proceso de elección de herramientas y su implementación en estrategias comunicativas. Esto se lleva a cabo a través de la sistematización de herramientas y métodos[1], para poder asociarlos a situaciones de comunicación específicas entre investigadores y elaboradores de políticas.

¿QUIÉNES NECESITAN LA *IGUÍA*?

La *iGuía* puede resultar útil para quienes hacen investigación orientada a políticas públicas y desean hacer alguna de estas cosas:

- Identificar canales de comunicación en línea que estén siendo usados actualmente por los encargados de las políticas u otros grupos de interés a los que la investigación esté dirigida.

- Estimular la discusión, el debate y la colaboración a partir de las conclusiones de la investigación.

- Comprender mejor el contexto de la política, por ejemplo, identificar quiénes son los actores principales y poder entenderlos, identificar temas clave, y reconocer la posibles oportunidades.

- Saber más acerca de las personas a las que se quiere hacer llegar las conclusiones del trabajo de investigación.

- Conectarse con otros investigadores activos en el mismo campo.

---

1 La *iGuía* toma en cuenta tanto la tecnología web 2.0 –aplicaciones web que facilitan compartir información de manera interactiva y trabajar en conjunto en la web– como el comportamiento web 2.0. Para nuestros fines, la web 2.0 no refiere exclusivamente a cambios en la tecnología de internet, sino que contempla cambios en el modo de empleo de la internet por parte de organizaciones e individuos.

- Llamar la atención del público en general sobre la investigación y sus conclusiones.

- Construir una reputación en línea.

- Presentar las conclusiones de investigación en un formato accesible, que sea adecuado tanto para el público como para los tomadores de decisiones.

- Mantener conversaciones en línea con otros investigadores o decisores.

La *iGuía* está dirigida a todos aquellos investigadores que quieran aumentar el impacto de sus conclusiones, sin importar si son investigadores independientes o si forman parte de un equipo de investigación establecido. Una estrategia de comunicación poderosa y un uso estratégico de las herramientas web 2.0 deben estar incorporados en todo proceso de investigación, por lo que se alienta a que use la *iGuía* cuando vaya a desarrollar una estrategia de largo plazo y no sólo cuando necesite dar "un empujón" a las conclusiones finales de su trabajo.

La *iGuía* está publicada en una plataforma *wiki*, por lo que es fácil agregar aportes o modificar los existentes. Todos los investigadores están invitados a realizar aportaciones basadas en sus experiencias en el uso de herramientas web 2.0 para vincular la investigación con políticas públicas. La *iGuía* está publicada con una licencia abierta de *Creative Commons*, lo que significa que cualquiera puede reusarla, republicarla y redistribuirla según sus necesidades.

CONTEXTO, EVIDENCIA Y VÍNCULOS

La *iGuía* está organizada en base al marco contexto, evidencia y vínculos, un instrumento que permite comprender cómo la evidencia puede contribuir a las políticas y la práctica. Desarrollado por el *Overseas Development Institute* (odi), como parte del marco de Investigación y política para el desarrollo

(*Research and Policy in Development* - RAPID)[2], el marco sostiene que para influir en las políticas es tan necesaria la investigación como una estrategia de comunicación, y que el éxito requiere ante todo el conocimiento de:

El **contexto político** en el que se está trabajando. ¿Existe interés político en el cambio? ¿Hay lugar para maniobrar? ¿Cómo perciben el problema los hacedores de políticas?

La **evidencia** que usted tiene o puede conseguir, ¿es suficientes? ¿Es convincente? ¿Es relevantes? ¿Tiene utilidad práctica? ¿Los conceptos son conocidos o nuevos? ¿Requiere reformulación?

Y acerca de los **vínculos** a través de los cuales se puede alcanzar la evidencia a los hacedores de políticas: ¿quiénes son las personas clave? ¿Y las organizaciones? ¿Existen redes que puedan emplearse? ¿Cuál es la mejor manera de trasmitir la información: en encuentros cara a cara, a través de los medios de comunicación o mediante campañas[3]?

Una vez comprendidos esos factores, el siguiente paso es participar; lograr conocer a los hacedores de políticas e identificar a los aliados y a los enemigos en el contexto político; entender la evidencia que se usa en apoyo de las políticas existentes y asegurarse de que las pruebas que uno aporta sean creíbles; confirmar que se goza de una buena reputación, y establecer vínculos con otras personas, instituciones y redes con las que se pueda trabajar en forma colaborativa. Hacer esto requiere una amplia gama de destrezas. ODI lista las siguientes:

• *Narradores*: Profesionales, burócratas y quienes elaboran las políticas públicas a menudo expresan y entienden las realidades complejas por medio de historias sencillas. Aunque algunas veces pueden llegar a ser sumamente

---

2 www.odi.org.uk/RAPID/
3 www.odi.org.uk/rapid/tools/Toolkits/CEL_Presentation/Presentation.html

erróneas, no hay duda de que las narraciones tienen un formidable poder.

• *Personas sociables*: Habitualmente las políticas son elaboradas en el seno de grupos de personas que se conocen e interactúan entre sí. Si usted quiere ejercer influencia sobre los diseñadores de políticas, tiene que integrar sus redes de relaciones.

• *Ingenieros*: Existe a menudo una enorme diferencia entre lo que los políticos y gobernantes dicen que están haciendo y lo que en realidad sucede. Los investigadores necesitan trabajar no solamente con las máximas jerarquías del gobierno sino también con funcionarios de a pie.

• *Intermediarios*: La formulación de políticas públicas es principalmente un proceso político. No es necesario ser un Rasputín o un Maquiavelo, pero para tener éxito, los proponentes de políticas tienen que saber operar en ambientes políticos, y saber cuándo, cómo y a quién dirigir la campaña[4].

Todo esto exige mucho trabajo —las entrevistas, las reuniones y la observación son claves para comprender el contexto, la evidencia y los vínculos—. Las conclusiones de la investigación deben ser formuladas y vueltas a formular para que puedan ser transmitidas a audiencias diversas; los encuentros (presenciales) y el diálogo son esenciales para establecer redes y formar parte de ellas. *La iGuía de Impacto 2.0* fue creada a partir de la premisa de que la internet y la web social pueden ser aplicadas de forma eficaz y económica para realizar esas tareas.

---

4 Ibid

CÓMO USAR LA *IGUÍA*

La primera tarea del investigador es tener claras cuáles son sus necesidades comunicativas específicas, sea que se encuentre promoviendo su reputación en línea como investigador, que esté tratando de llamar la atención del público acerca de sus conlusiones o que esté iniciando un bucle comunicativo con colegas afines y/o decisores. Una vez establecidas estas cuestiones, antes de usar la *iGuía* debería revisar el marco contexto, evidencia y vínculos. El primer punto de acceso a la *iGuía* es a través de la tarea o meta que se quiere emprender, por ejemplo: identificar aliados y opositores potenciales, construir redes con interesados afines, envolver nuevas ideas en narraciones conocidas, etc. Todas estas tareas son presentadas en una imagen cliqueable con forma de nube, al igual que en una estructura de índice tradicional en la primera página de la *iGuía*.

Al hacer clic sobre una tarea se abre el siguiente nivel, un listado de herramientas específicas que pueden ser de utilidad para la tarea, y en muchos casos se brinda una corta descripción de cómo pueden usarse. Algunas de las estrategias son ilustradas por medio de estudios de caso provistos por personas que las aplicaron de forma exitosa. El ingreso a través de la tabla de contenidos lo conducirá a niveles más profundos que incluyen información detallada y consejos acerca de, por ejemplo, seminarios en línea, llamados *webinars*.

Por ejemplo, la organización a la que usted pertenece produjo un cúmulo de pruebas mediante la investigación y usted desea incoporar la web 2.0 en su estrategia de comunicación como ayuda para "vender" esa evidencia a quienes elaboran políticas públicas o al público en general. Vaya a la sección *Evidencia* en la nube, seleccione la actividad clave en la que quiere concentrarse (*Construir un caso convincente y presentar opciones políticas claras*) y elija la estrategia específica que lo ayude a lograr sus objetivos, por ejemplo '*disponer de*

Figura 1: La nube de la *iGuía* ofrece el listado de las muchas acciones que pueden emprenderse

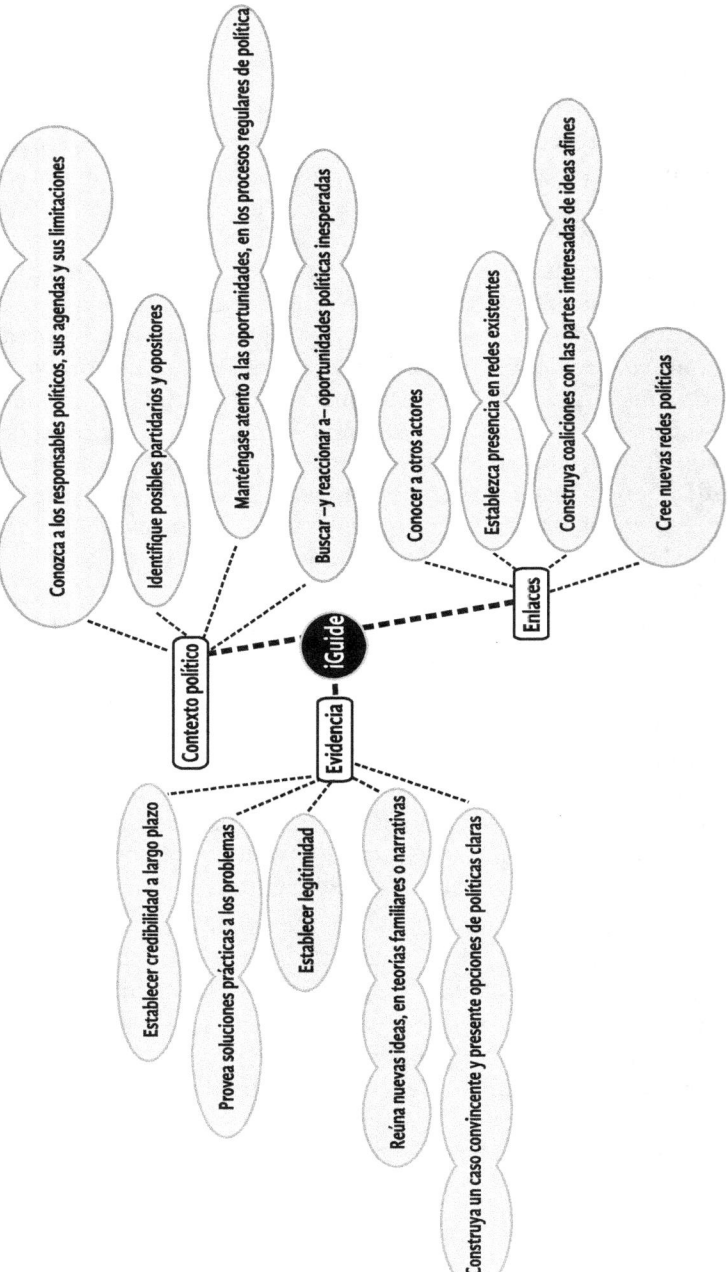

hallazgos clave e implicaciones políticas listas para presentar en forma esquemática, comprensible y creíble'. La sección indica una selección de herramientas para visualización, sistemas de mapas en línea, herramientas para producir gráficos y diagramas, y enlaces a servicios de video en línea donde usted podrá publicar entrevistas cortas sobre sus conclusiones.

Otro ejemplo sería una situación en la que usted desee vincularse con investigadores afines con los que le gustaría trabajar o que podrían apoyar su causa. Vaya a la sección *Vínculos*, seleccione la actividad clave en la que desea centrase (en este caso *'Identifique posibles partidarios y opositores'*) y elija una estrategia adecuada. Se le ofrecerá una lista de tipos de herramientas que lo ayudarán a proceder en esas estrategias.

Si usted diseña su estrategia de comunicación mientras está diseñando el propio proyecto de investigación, e integra la *iGuía* al diseño desde el comienzo, puede recolectar los datos para su investigación en un formato que favorezca su reformulación para presentarlos en línea. Las oportunidades que ofrece el uso de las herramientas web 2.0 quizás lo conduzcan a incorporar nuevos componentes en el proceso de investigación. Por ejemplo, ir publicando una investigación sobre la marcha, en un blog o en una plataforma de redes sociales podría captar el interés de otros interesados (investigadores, encargados de políticas), hacer que les interese trabajar con usted y, llegado el caso, volverlos más receptivos a sus conclusiones.

MEJORAS Y DESARROLLOS POSIBLES

La *iGuía* fue concebida como una obra en construcción, lo suficientemente flexible para poder modificar la información sobre herramientas y estrategias a medida que aparecen otras nuevas. Se alienta a los usuarios a contribuir a la guía con sus experiencias, ayudando a mantenerla actualizada de manera colectiva. Al mismo tiempo, la *iGuía* se verá beneficiada por trabajos adicionales que incrementarán su difusión e impacto. Entre los posibles escenarios de desarrollo futuro, se encuentran:

- Incorporar una sección sobre metodologías para evaluación y monitoreo del impacto de las herramientas web 2.0 para alcanzar los objetivos comunicativos de los investigadores. La sección contendrá instrumentos específicos para el análisis del impacto, y también aplicaciones que permiten el mapeo de redes sociales para su evaluación (p. ej. Tweetdeck). Incluirá asimismo metodologías para análisis de riesgos, que los investigadores podrán aplicar para evaluar los riesgos asociados con la incorporación de herramientas web 2.0 en su proyecto de investigación, y las estrategias para lidiar con esos riesgos.

- Promocionar la *iGuía* como un centro de articulación natural para publicar estudios de caso y reseñas de buenas prácticas acerca del uso de herramientas web 2.0 para establecer vínculos entre la investigación y las políticas públicas. Como el uso de estos instrumentos en contextos específicos es un fenómeno bastante reciente, no existe un espacio en línea en el que los investigadores puedan revisar las experiencias de otros. Este plan implica promocionar la *iGuía* en las redes de investigadores al igual que encontrar maneras eficientes de cosechar las experiencias de éstos. En virtud de su diseño, la *iGuía* se inclina convertirse en el punto de encuentro entre estudios de caso e información acerca de las herramientas protagónicas de tales casos.

Otros planes para futuros desarrollos de la *iGuía* contemplan la construcción de blogs y foros en los que los investigadores puedan:

- compartir sus experiencias en el uso de la herramientas web 2.0 para la investigación aplicada a las políticas públicas;

- encontrar ayuda sobre componentes web 2.0 específicos de sus proyectos, a partir de lo hecho por otros;

- encontrar un espacio para formar asociaciones y proyectar trabajos colaborativos.

El desarrollo futuro de la *iGuía* estará orientado por los desafíos concretos que los investigadores y los encargados de las políticas enfrenten al implementar herramientas web 2.0 en sus estrategias de comunicación. Hasta ahora nuestra experiencia demuestra que el uso más eficaz de estas herramientas ocurre cuando se las emplea para despertar la conciencia del público y para hacer campañas, al igual que para llevar adelante consultas públicas. Ver los capítulos 1 al 5 de este volumen.

Otra área de importancia a desarrollar en el futuro tiene que ver con nuevas secciones de contenido en la *iGuía*. Sus autores planean incluir una sección sobre producción de cortos en video y una guía más detallada para el uso de técnicas de visualización para comunicar las conclusiones de las investigaciones. Por último, las próximas versiones de la *iGuía* ofrecerán "trucos" prácticos sobre el uso de herramientas web 2.0 para desarrollar y gestionar comunidades de práctica, al igual que sugerencias para optimizar el diseño y la gestión del contenido, que amplían el impacto del uso de aplicaciones web 2.0 en proyectos de investigación (uso de los metadatos correctos, formato de presentación, etc.).

Impacto 2.0 iGuía - Nuevos mecanismos para conectar investigación y políticas públicas.

Texto original desarrollado por Cheekay Cinco y Karel Novotný, Asociación para el progreso de las comunicaciones (APC). Versiones posteriores del documento son con co-autoría de Bruce Girard, Fundación Comunica. Disponible en *iguias.comunica.org*

9. POLÍTICAS DE USO DE SERVICIOS DE REDES SOCIALES EN LA ADMINISTRACIÓN PÚBLICA DE AMÉRICA LATINA

Raquel Escobar[1]

EL PROBLEMA

Durante la implementación del proyecto Impacto 2.0, se pudo establecer que los funcionarios de distintas entidades públicas no tenían acceso a las herramientas web 2.0 en sus lugares de trabajo, debido a políticas de restricción al acceso y uso de éstas en las propias instituciones públicas.

La adopción de las herramientas interactivas y colaborativas de la web 2.0 por parte de las entidades administrativas y gubernamentales forma parte del proceso mundial de modernización de la gestión pública evidenciada desde fines del siglo XX en la digitalización de la información y en la presencia de instituciones y autoridades oficiales en el espacio virtual. En este contexto, el uso de herramientas web 2.0 puede dar lugar a una mayor posibilidad de participación en la actividad gubernamental por parte de actores ajenos a la administración pública.

---

1 A partir de investigaciones en cinco países, efectuadas por Graciela Selaimen (Brasil), Patricia Peña y Marcelo Avilés (Chile), Julio César Mateus y Antonio Capurro (Perú) y María Julia Morales (Uruguay), y de un informe consolidado elaborado por Alexandra Ayala, Pamela Cruz y Dayana León (CIESPAL).

Varios de los proyectos de Impacto 2.0 trabajaron con los servicios de red social abiertos al público en internet (Facebook, Twitter, LinkedIn, YouTube, etc.) que facilitan el compartir contenidos, la colaboración con otros y la construcción de relaciones sociales en línea. Son, además, una forma de comunicarse con el público en general. Pero ante la constatación de la existencia de restricciones al acceso y uso de estas herramientas en la administración pública de diversos países de la región, entre los ejecutores del proyecto surgieron interrogantes sobre el impacto de tales restricciones. Principalmente, ¿cuánto y cómo inciden esas restricciones en la posibilidad de incorporar el uso de las redes sociales pra influir en el proceso de las políticas públicas?

Es así que se planteó la realización del presente estudio en cinco países de América Latina: Brasil, Chile, Uruguay, Perú y Ecuador. El estudio analiza las restricciones existentes al acceso a redes sociales por parte de los funcionarios públicos en esos países.

METODOLOGÍA Y HERRAMIENTAS DE INVESTIGACIÓN APLICADAS

Esta investigación combinó varias metodologías. En primer lugar se desarrollaron cinco estudios de caso, una modalidad de investigación cualitativa que permite la indagación profunda de un evento, objeto o caso, con el fin de establecer la significación de las situaciones que lo componen. El estudio de caso privilegia la explicación del proceso causal del hecho estudiado, más que el efecto o probabilidad de ocurrencia de dicho efecto. Es por ello que las preguntas que orientan el estudio son *cómo* o *por qué* se da dicho proceso. Para ello se emplearon herramientas cuantitativas y cualitativas, a partir de la posibilidad de complementariedad y compatibilidades entre estos dos enfoques.

En el aspecto cuantitativo se aplicaron encuestas orientadas a conocer las normas internas de acceso, uso o restricciones de herramientas web 2.0 y servicios de red social específicos de la entidad seleccionada y/o generales a todas las entidades públicas. La encuesta fue aplicada a 15 funcionarios de distintos niveles jerárquicos de la entidad pública seleccionada en cada país, responsables o no de administrar y/o gestionar contenidos digitales[2]. La encuesta constó de 22 preguntas.

La herramienta cualitativa aplicada fue la entrevista en profundidad. Se hizo un total de 35 entrevistas, siete en cada país. Las preguntas se direccionaron a establecer cómo y por qué se da el impacto de las políticas y normas internas vigentes, el uso y las restricciones de las herramientas web 2.0 en los procesos de gestión pública y en la gobernabilidad. Las entrevistas se realizaron a informantes considerados clave[3].

A partir de las encuestas aplicadas se obtuvo una descripción de la situación de las políticas de acceso y uso de redes sociales en internet en las entidades analizadas en términos de: existencia de políticas y cómo las califican los encuestados; el carácter oral o escrito de la normativa; y el alcance del uso y acceso a estas herramientas por parte de los funcionarios públicos.

Asimismo, se recabaron datos acerca de cómo los funcionarios públicos utilizan las TIC y las redes sociales en su trabajo, junto a información demográfica como edad, sexo, nivel educativo, cargo y responsabilidades.

Las entrevistas realizadas a actores del gobierno, el sector privado, la sociedad civil y la academia indagaron el posible impacto de las reglamentaciones de acceso y las percepciones acerca de su empleo en las oficinas públicas.

---

2 La cantidad de encuestas realizadas en cada entidad pública no se determinó con base en una muestra representativa, sino en una aproximación posible a la situación de acceso y uso de las herramientas de la web 2.0.

3 En cada país se realizaron entrevistas a directivos de cada entidad seleccionada y al responsable del departamento de comunicación o de tecnologías; dos a personas del sector académico; dos a representantes de organizaciones de la sociedad civil relacionadas con la visión y/o la misión de la entidad pública seleccionada, y una a una persona del sector privado.

ENTIDADES PÚBLICAS ANALIZADAS

En cada uno de los países (Chile, Uruguay, Brasil, Ecuador y Perú) se realizó el estudio en una institución del sector público local o nacional. Los criterios de selección de las entidades fueron: visión/misión de la entidad, que afirme una relación habitual con la ciudadanía; la importancia de la entidad en la realidad nacional; la existencia de estudios previos sobre ésta; la facilidad de acercamiento a los funcionarios y su disponibilidad para la realización de las encuestas y entrevistas.

A partir de esas pautas las entidades seleccionadas fueron:

- Gabinete Digital del Gobierno de Río Grande del Sur, en Brasil;

- Servicio Nacional del Consumidor (Sernac), en Chile;

- Asamblea Nacional (AN), en Ecuador;

- Municipalidad Metropolitana de Lima (MML), en Perú;

- Ministerio de Desarrollo Social (Mides), en Uruguay.

Una vez seleccionadas las entidades, se examinó el sitio web oficial de cada una, con el propósito de identificar tanto las aplicaciones como sus usos.

Gabinete digital del Gobierno de Río Grande del Sur

En el estado federado más meridional de Brasil, Río Grande del Sur, el proyecto gubernamental Gabinete Digital se destaca por el desarrollo de herramientas participativas para dar lugar a la colaboración de la gobernación, las secretarías y la ciudadanía[4].

---

4 La iniciativa fue lanzada el 24 de mayo de 2011, bajo la coordinación directa del gabinete del gobernador, Tarso Genro, quien generó el espacio digital *www. gabinetedigital.rs.gov.br* que está "dedicado a la comunicación directa del Gobernador con la población".

Esta es una iniciativa pionera en Brasil y la región. Los componentes del proyecto son: *El Gobernador responde, El Gobernador escucha* y la *Agenda Colaborativa*, por medio de los cuales se pueden enviar preguntas y votar por ellas para que la autoridad federal responda; realizar audiencias públicas que son escuchadas por el gobernador y colaborar en la elaboración de la agenda del gobernador y sus secretarios, a través del envío de sugerencias y demandas locales[5].

Además, el Gabinete tiene asociadas tres cuentas de redes sociales: en Twitter, en Facebook y en Identi.ca.

Servicio Nacional del Consumidor (Sernac)

Es un organismo dependiente del Ministerio de Economía del Gobierno de Chile. Está encargado de promover y construir una cultura de respeto a los derechos de los consumidores. Sus objetivos son mejorar y modernizar el trabajo que lleva a cabo y consolidar una red de protección al consumidor.

El sitio web de la entidad busca potenciar sus canales de comunicación institucional, en un esfuerzo permanente de posicionamiento de "marca", y es un sitio conocido y utilizado como canal formal para atención de público[6].

En el inicio de la página institucional se hacen visibles los enlaces con Twitter y YouTube, y es posible suscribirse a las actualizaciones del sitio a través del servicio RSS. En la página principal, en cambio, es posible hacer trámites en línea, agrupar los reclamos de la ciudadanía y facilitar las respuestas. En la

---

5 En septiembre de 2011 recibió el premio "E-gov" de excelencia en gobierno electrónico, en la categoría de e-servicios públicos, otorgado por la Asociación Brasileña de Empresas de Investigación.

6 La web es fuente y referente de información para periodistas. En 2007 el sitio superó el millón de visitas anuales, y tan solo en dos años dobló esta cifra. En 2009 se abrieron cuentas en redes sociales y YouTube. El canal YouTube registró un total de 257 videos al 24 de septiembre de 2011, mientras que la cuenta Twitter registró 91.074 seguidores.

portada hay un acceso directo a "Reclamos", sección pensada para atender demandas ciudadanas. La web de Sernac cuenta además con varios sub-sitios como la *Revista del consumidor* y los blogs *Sernac participa* y *SernacNiñ@s*. La cuenta oficial de la entidad en Twitter es *@sernac*, y a través de una cuenta de correo electrónico se responden las inquietudes planteadas por la ciudadanía.

Asamblea Nacional del Ecuador (AN)

En Ecuador el poder Legislativo es ejercido por la Asamblea Nacional (AN), que está integrada por 124 asambleístas. En cumplimiento de la Ley Orgánica de Transparencia y Acceso a la Información Pública, todos los procesos emprendidos por la AN constan en su página web[7]; además, ese mismo cuerpo legal exige a esta entidad la publicación electrónica de los textos completos de los proyectos de ley presentados.

Para la Asamblea, la participación ciudadana y la transparencia de la información son ejes transversales que se ejecutan por medio de la utilización de las TIC[8]. En el marco de un proyecto para el desarrollo de un sistema multimedios, la Asamblea ha puesto énfasis en el uso de radio e internet para dar cumplimiento a la ley que obliga a la difusión de las actividades legislativas.

La Asamblea Nacional ha agregado en su sitio aplicaciones web 2.0: YouTube, Twitter, Facebook y Flickr, que son administradas desde la Dirección de Comunicación, que también mantiene las bitácoras electrónicas de los asambleístas.

Actualmente la página se ha convertido en el medio principal de difusión de información institucional. En 2008 el portal fue

---

7 www.asambleanacional.gob.ec

8 Esta política y uso de la web 2.0, no obstante, no nacieron con la Asamblea. Se heredaron de la ex Asamblea Constituyente (2007-2008), que construyó blogs para los asambleístas y las mesas de diálogo, realizó transmisiones en vivo y prometió construir un espacio público participativo, incluyente y representativo.

premiado por la Unión Nacional de Periodistas en la categoría Tecnologías de la Comunicación[9].

Municipalidad Metropolitana de Lima (MML)

El nuevo gobierno de la MML inició sus funciones en enero de 2011[10]. Comenzó su gestión con una clara política de uso de herramientas web, tanto para la interacción con la ciudadanía como para la transparencia. En febrero de 2010 la Alcaldesa incursionó en las redes sociales alcanzando 4.864 seguidores en Facebook y 23.928 seguidores en Twitter. El sitio obtuvo el primer lugar en el reporte 2011 de supervisión de portales de transparencia realizado por la Defensoría del Pueblo para medir el nivel de cumplimiento de los gobiernos regionales y municipios de todo el país.

Actualmente, la página web[11] presenta, junto a una descripción corporativa e institucional, información de la ciudad y del distrito metropolitano, y ofrece guías para trámites útiles para la ciudadanía. Además, entrega noticias actualizadas y describe los proyectos y programas que desarrolla la institución.

Para la realización de trámites en línea, el sitio institucional enlaza con los portales de servicios de las distintas gerencias y entidades adscritas a la Municipalidad, donde se pueden realizar las transacciones y pagos de manera directa. También ofrece los servicios de defensoría del ciudadano y acceso libre a datos municipales. En el sitio web se listan los canales más utilizados donde la Municipalidad tiene presencia: YouTube, Facebook y Twitter.

---

9 Este premio se otorgó "por tratarse de un trabajo que constituye un primer esfuerzo para integrar los recursos de un portal informativo con los de la nueva tendencia de la web social" (ecuadorinmediato.com 2009).

10 Es una entidad provincial especial del Perú. Su territorio corresponde a la ciudad capital, que tiene más de siete millones y medio de habitantes (INEI 2009), que representa casi la tercera parte del total de la población peruana y casi dos tercios de la población económica e industrialmente activa del país.

11 www.munlima.gob.pe

Ministerio de Desarrollo Social (Mides)

Fue creado el 18 de marzo de 2005 mediante la ley número 17.866, que lo define como la entidad "responsable de las políticas sociales nacionales, así como de la coordinación –tanto a nivel sectorial como territorial–, articulación, seguimiento, supervisión y evaluación de los planes, programas y proyectos, en las materias de su competencia, propendiendo a la consolidación de una política social redistributiva de carácter progresivo".

Actualmente, el Mides utiliza redes sociales (Facebook, Twitter), RSS, página web institucional[12] y canal YouTube. Algunas reparticiones del Ministerio poseen además una cuenta propia en las redes Facebook y Twitter.

Germán Barcelona, director del Departamento de Información y Comunicación, afirma: "Desde el Mides, estamos tratando de migrar todo a un gobierno electrónico que es como un paradigma final de trabajo que tenemos en la institución y el Estado. Siendo las dos aristas: por un lado, el desarrollo de nuestros portales web (...) y, por otro lado, las redes sociales que son la puerta de acceso en forma más interactiva con la ciudadanía. Este es nuestro reto".

PANORÁMICA DE RESULTADOS DE LA INVESTIGACIÓN EN LOS PAÍSES ANALIZADOS

Como se expuso en la introducción, el estudio indaga acerca de cómo las políticas restrictivas al acceso y uso de los servicios de red social en entidades públicas de América Latina pueden impactar en el establecimiento de dinámicas de coordinación y acción orientadas a diseñar políticas públicas.

Partiremos, entonces, de las variables contextuales del

---

12 www.mides.gub.uy

problema, para establecer el escenario y las condiciones en que se genera dicho impacto. El desarrollo de tales variables se realiza con base en los hallazgos del estudio.

Jóvenes detrás de las pantallas de las entidades públicas

Las personas encuestadas constituyen una población mayoritariamente joven. El 60% de ellas está entre los 25 y 35 años de edad. Siguiendo el "esquema evolutivo" de Sinclair y Cerboni, que establece generaciones en relación con el surgimiento de las TIC, estas personas pertenecen mayoritariamente a las generaciones nativas y adaptativas[13].

El 43% de las personas encuestadas tienen la responsabilidad de administrar y/o gestionar contenidos y/o canales de comunicación en las redes sociales u otras aplicaciones. La mayor parte (80%) de los funcionarios que generan contenidos tienen entre 25 y 35 años de edad.

En este sentido, el panorama es favorable al uso de las TIC en las entidades públicas, además de que un número considerable de cargos directivos (7) están ocupados por nativos o adaptativos digitales.

Caracterización de las políticas de acceso y uso de servicios de red social

La caracterización de esta variable toma en cuenta diversos aspectos: la existencia o no de políticas restrictivas; su

---

13 La generación adaptativa digital es la de personas nacidas entre 1965 y 1979, época del surgimiento de las computadoras personales y los videojuegos, que hoy tienen entre 46 y 32 años de edad; la nativa digital (nacidos entre 1980 y 2000), vive plenamente con las tecnologías, y tiene entre 31 y 11 años de edad; la inmigrante digital, (nacidos entre 1946 y 1964, que hoy tienen entre 47 y 65 años) finalmente, los avatares digitales son quienes nacieron en el presente siglo. (Tomado de "Ciberactivismo de movimientos políticos y sociales en Ecuador. Informe de estudio", Quito: CIESPAL sept. 2010, p. 80. Ver también www.saladeprensa.org/art998.htm).

identificación como normativa oral o escrita; los enfoques y orientaciones de las políticas existentes e identificadas; el alcance de dichas políticas y la calificación de los funcionarios públicos sujetos a éstas.

En la encuesta aplicada a los funcionarios de las cinco entidades públicas que componen este estudio de caso, el 56% (42 personas de 75) expresó que existe una normativa o disposiciones internas en cuanto al uso y el acceso a las redes sociales en internet.

Con respecto a la caracterización de estas políticas, se pudo establecer que:

- Existe un fuerte alineamiento a una política institucional que tiende a la protección de la "marca" y la productividad de la entidad, en un marco comunicacional predominantemente informativo[14].

- Las políticas de acceso y uso a herramientas web se expresan oralmente más que por escrito.

- Es frecuente que las políticas relativas al acceso y uso respondan a la visión o posición de la autoridad de turno en la entidad respecto a las TIC, es decir, no dependen necesariamente de una política de Estado, lo que da a tales disposiciones un corte personalista.

Frente a este panorama, que pasamos a profundizar en las líneas que siguen, 48% de los funcionarios expresó una opinión positiva sobre la normativa existente, calificándola entre buena y muy buena[15].

---

14 Frente a esto, se identifica que prevalecen, en los propios funcionarios, visiones permisivas frente a disposiciones restrictivas, especialmente cuando las limitaciones previenen el uso y acceso a redes sociales y cuentas personales, precautelando así la productividad de la entidad.

15 Sólo en Ecuador hay mayoría de calificación "muy buena"; en Brasil y Chile, la mayoría cree que son "buenas". Sólo en Brasil y Perú hay personas que las consideran "malas"; y en Perú, quienes no responden constituyen más de la mitad (8) de los al í encuestados.

Más productividad, ¿menos participación?

Diversos criterios se hicieron explícitos para explicar la situación de acceso y uso a la web 2.0.

En el Sernac de Chile la optimización del tiempo de uso de las computadoras y el resguardo de la "marca" se consideran razones para restringir el acceso a internet o el uso de las redes sociales. En la MML, en cambio, se menciona la productividad laboral como motivo de las restricciones.

En tanto, la totalidad de las personas encuestadas en la AN del Ecuador tienen acceso a internet. No obstante, también tienen reparos a esa entrada tan extendida a la tecnología, por considerar que el uso de internet puede derivar en usos personales más que para actividades legislativas, entre otras razones.

Los criterios de optimización y productividad laboral están presentes en las respuestas de los funcionarios de 3 de 5 de las entidades públicas analizadas. Es decir, los funcionarios tienen opiniones favorables sobre esas restricciones y sus motivos.

Los servicios de red social: ¿para informar o interactuar?

Excepto en caso del Gabinete Digital de Río Grande, el uso informativo de las redes sociales predomina sobre el interactivo-colaborativo.

Acerca de internet, su entornos y las aplicaciones sociales, las respuestas recabadas dicen:

- Para el Sernac, la página web es un aliado fundamental para cumplir con la misión institucional y es utilizada como canal formal de atención al público y fuente de información para periodistas y comunicadores.

- Para la AN ecuatoriana, internet constituye "un medio alternativo de comunicación y herramienta de transparencia y rendición de cuentas"; y así se está utilizando su página web y las cuentas institucionales en Facebook, Twitter y Flickr.

- Para la MML, su portal y las aplicaciones web ofrecen servicios de información y orientación al ciudadano limeño.

- Para el Mides, internet es un canal de búsqueda de información que articula los diversos programas y acciones implementadas.

Prima, sin duda, un enfoque informacional que ha provocado la subutilización de servicios de redes sociales y, a la vez, ha fortalecido la unidireccionalidad como característica del vínculo entre entidad pública y ciudadanía. Esto se evidencia en el Sernac, por ejemplo, que cerró la cuenta institucional de Facebook porque los reclamos de los consumidores desbordaban las posibilidades de recepción y atención de la entidad, mientras que utilizan la cuenta Twitter únicamente para recibir mensajes o reclamos. Igualmente, las páginas web y las cuentas en redes sociales de la MML y la AN se han constituido en medios alternativos para difundir la agenda de actividades de las autoridades y para la publicación de documentos aprobados. Este es un escenario poco alentador en términos de interactividad.

Por otro lado, si bien en el Gabinete Digital del Gobierno de Río Grande del Sur también usan las redes sociales con fines informativos, el proyecto ha sido estructurado como un espacio digital "para la comunicación directa" con el gobernador. Su propósito es "articular una cultura digital", por lo cual genera dinámicas y posibilidades diferentes. Por ejemplo, se ha desarrollado una plataforma que integra tres servicios de red social (Twitter, Facebook e Identi.ca) para convocar la participación de personas en torno a asuntos específicos, para acercar la principal autoridad pública a la ciudadanía y para realizar audiencias públicas a partir de preguntas hechas en pantalla o fuera de ésta. En esta entidad pública, no obstante, se menciona una limitación técnica al acceso: el número insuficiente de computadores disponibles para el personal.

Entre reglamentos formales y disposiciones orales

Otras orientaciones constatadas son: en Ecuador, la constitución de los blogs legislativos en "columnas vertebrales" para soportar a otras aplicaciones web; en Uruguay, la creación de otros espacios digitales que permitan el acceso más directo y rápido para el envío de reclamos; y en Perú, el impedimento para compartir ciertos contenidos audiovisuales sobre temáticas de ocio y sexo.

Llama la atención que entre las orientaciones no se considere el tiempo de uso de los servicios de redes sociales para conectarse e interactuar con la ciudadanía, de allí que la mayoría de los funcionarios encuestados se conecte menos de una hora al día con los usuarios de las entidades.

Otra directriz identificada en las instituciones se refiere a ciertos contenidos prohibidos, además de limitaciones de carácter técnico, como servicio limitado de banda ancha, requerimiento de claves para uso de internet inalámbrico y escasez de equipos institucionales.

Al respecto, tanto los funcionarios encuestados como los otros entrevistados consideran que el uso de los servicios de red social favorece la interacción entre ciudadanía y Estado, pues permite el intercambio de demandas y propuestas que apuntan a la solución efectiva de necesidades colectivas. Sin embargo, en el caso de Chile, la subdirección del Sernac pone en evidencia que ni la interacción ni la colaboración son objetivos gubernamentales: "Tenemos que ser fieles a nuestro mandato legal [...] eso se hace a través de los canales que corresponde".

LAS REDES SOCIALES EN DINÁMICAS DE COORDINACIÓN MULTISECTORIAL PARA EL DISEÑO DE POLÍTICAS

En esta parte se analiza cómo se establecen las formas o los mecanismos a través de los cuales los actores sociales y del sector público podrían formar parte del proceso de la política pública mediante la utilización de las redes sociales en internet. También se analizan las percepciones de actores sociales (sector privado, organizaciones sociales, academia) sobre el comportamiento por parte de las instituciones públicas en las redes sociales en aspectos como apertura y nivel de respuesta a las iniciativas y demandas de los distintos actores.

Se hace un esfuerzo, además, por establecer si el uso y acceso a servicios de red social se fundan en un diseño institucional enfocado en incentivar la interacción o solamente la entrega de información a la ciudadanía. Es decir, se intenta determinar si las políticas conducen hacia la construcción de procesos participativos ampliados por la tecnología o bien sólo a la adaptación de procedimientos institucionales a las tecnologías.

Las políticas del uso de TIC y las dinámicas institucionalizadas de usos de la tecnología para la participación

Si bien la mayoría de los encuestados aceptó conocer distintas herramientas de TIC, es claro que no es lo mismo conocimiento que acceso. Al respecto, la cantidad de funcionarios que tienen acceso a redes sociales en su lugar de trabajo es, en todos los países, muy inferior a la cantidad de los que conocen las herramientas.

En el Sernac de Chile, por ejemplo, no es posible usar ninguna de las redes sociales, y muy poco otros servicios de contenido, redes profesionales y Skype. Incluso, sólo el 9% de las personas allí encuestadas afirmó que usa correo electrónico.

174

Del total de funcionarios de las cinco entidades estudiadas, el 68% dicen tener acceso al correo electrónico, lejos del 93% de quienes dijeron conocerlo. Esto se debe a la existencia de políticas restrictivas al acceso y, en menor medida, a limitaciones de equipos y tecnología.

En cuanto a las redes sociales utilizadas institucionalmente para el contacto con la ciudadanía, Facebook y Twitter son las más usadas después del correo electrónico, pero ni siquiera por la mitad de los funcionarios (39% y 35%, respectivamente).

Brasil y Ecuador son los países donde se registran las cifras más altas de uso de Facebook (13/15 y 8/15) y Twitter (13/15 y 8/15), así como de blogs (8/15 y 6/15). Otros servicios usados por los encuestados en sus respectivos lugares de trabajo son Skype y RSS, con 15 personas cada una (20% del total de encuestados).

El Gabinete Digital del Gobierno de Río Grande del Sur, Brasil, esla entidad donde más personas acceden a todas las herramientas, seguida de la Asamblea Nacional (AN), en Ecuador. En el Sernac de Chile, al contrario, el acceso es menor: sólo siete personas de las 15 allí encuestadas usan el correo electrónico, ninguna usa redes sociales y muy pocas visitan blogs o usan YouTube.

Percepciones externas sobre cómo generar ámbitos de coordinación y participación a través del uso de internet

En las entrevistas realizadas a miembros del sector privado y de organizaciones sociales y académicas, se expresaron criterios orientados a la elaboración de principios, normas y reglas, que determinen la forma en la que se accede/usan herramientas web 2.0 en la administración pública:

- La creación de mecanismos de retroalimentación con los ciudadanos y de espacios interactivos.
- El fomento de la interactividad con los usuarios mediante la realización de foros y charlas en línea.

- La búsqueda del equilibrio entre acceso, conectividad y capacitación a todos los actores sociales que intervienen en la gobernabilidad democrática y participativa.

- Considerar las experiencias que la ciudadanía ha adquirido en cuanto a participación social mediada por el internet y las redes sociales, y apoyarse en ellas.

Otro aspecto sugerido, que incluso fue expresado por los funcionarios encuestados en los cinco países, es la necesidad de capacitación. Pues mantienen que no se trata únicamente de aprender el uso de las diversas redes sociales, sino de aprender a valorar las potencialidades de interacción y colaboración que éstas implican para la relación entre administración pública y ciudadanía.

CONCLUSIONES

Ante la constatación de que existen restricciones al acceso a internet y al uso de los servicios de red social por parte de funcionarios de entidades administrativas y gubernamentales de América Latina, la investigación aquí presentada trató de responder las siguientes preguntas:

- ¿Cuánto y cómo inciden tales restricciones en la gestión de las políticas públicas?

- ¿Cuáles son las evidencias que revelan dicha incidencia?

- ¿Se han creado posibilidades de interacción entre los distintos actores sociales y los entes públicos en ejercicios participativos para la gestión de políticas públicas con el uso de canales web 2.0?

Las restricciones al uso de las redes sociales en la función pública tienen que ver con la recortada visión de las posibilidades de uso de esas herramientas, entre otras razones. En efecto, su uso se ha limitado a ejercicios de difusión e información, que reproducen formas de comunicación unidireccionales.

Las orientaciones y las directrices dadas por las administraciones de turno influyen de forma decisiva en cómo y para qué usan las redes sociales los funcionarios de las entidades públicas. Esta influencia, definitivamente, tiene más peso que la base legal de uso de las TIC en cada país.

Los rasgos que caracterizan estas restricciones al acceso y al uso de los servicios de red social en la administración pública son:

- Fuerte alineamiento a una política institucional que tiende a la protección de la "marca" y la productividad de la entidad.

- El uso de las redes sociales en la administración pública está inscripto en un marco comunicacional predominantemente informativo.

- Las normativas sobre acceso y uso no suelen estar escritas, sino que constituyen orientaciones orales.

- Es frecuente que las políticas respondan a la visión o posición de la autoridad de la entidad respecto a las redes sociales, dando a tales disposiciones un corte personalista, más que de una política de Estado.

- Ninguna de las entidades analizadas permite que todos sus funcionarios tengan acceso a internet y a sus servicios de redes sociales.

Las percepciones de la sociedad civil sobre las restricciones al uso de las redes sociales en entidades públicas identifican como el impacto más evidente la limitación de las potencialidades de su uso. Los entrevistados de la sociedad civil enfatizaron la necesidad de demostrar las potencialidades de interacción y colaboración que las herramientas implican para la relación entre administración pública y ciudadanía.

Los sectores de sociedad civil consultados en este estudio consideran necesario un proceso de capacitación de los funcionarios, acompañado por discursos y prácticas de las autoridades, que apunte a fomentar la creación de mecanismos de retroalimentación con los ciudadanos y de espacios interactivos, más allá del uso informativo.

Finalmente, en este contexto, se observa que uno de los factores que restringen el uso de las redes sociales a la difusión de información será desafiado en breve por cuestiones demográficas. La mayoría de los funcionarios que participaron en este estudio e incluso algunos directivos pertenecen a las generaciones de nativos y adaptativos digitales, y en la medida en que asciendan en sus cargos, esto puede conducir a mejorar el conocimiento y la comprensión del uso de las redes sociales en las entidades públicas. Y, llegado el caso, conducir a un uso más innovador de las redes sociales.

LOS AUTORES

Eduardo Alonso Magíster en Ciencia Política de la Facultad de Ciencias Sociales (FCS) de la Universidad de la República, Uruguay (UDELAR). Es investigador del proyecto "Uruguay 2010. Telecomunicaciones: entre el acceso y la innovación" del Programa de Desarrollo en Investigaciones de la Comunicación (PRODIC) de la Universidad de la República, y del proyecto "Fundamentos de la Democracia de Partidos en el Uruguay" del Departamento de Ciencia Política de la FCS-UDELAR. Consultor y conferencista sobre política de comunicaciones y nuevas tecnologías, también desarrolla investigaciones sobre la relación entre el republicanismo y los partidos políticos en el campo de la teoría democrática.

Eduardo Araya Profesor Adjunto de la Universidad de Valparaíso. Actualmente se encuentra realizando su tesis doctoral en el programa de Doctorado en Sociedad de la Información de la Universidad Abierta de Cataluña. Es Magíster en Ciencia Política y Administrador Público por la Universidad de Chile. Ha ejercido la docencia de pregrado y posgrado en las principales universidades chilenas. Su trabajo de investigación y publicaciones se han centrado últimamente en el uso de las tecnologías en la política chilena, la reforma del Estado, el servicio civil chileno y la institucionalidad fiscalizadora.

Estela Acosta y Lara Hizo estudios en Lingüística en la Universidad de la República, Uruguay. Es editora y traductora de numerosas obras académicas. Cuenta con experiencia en investigación en Lingüística Computacional, Análisis del Discurso y Ciencia, Tecnología y Sociedad.

Diego Barría Investigador de doctorado en el Instituto de Historia de la Universidad de Leiden, en Holanda. Es Magíster en Historia por la Pontificia Universidad Católica de Chile y Administrador Público por la Universidad de Chile. Ha ejercido docencia en las universidades de Chile y Central (Chile). Ha publicado ampliamente sobre reforma administrativa, en perspectiva histórica y en el Chile actual, participación social en los procesos de formulación de políticas públicas en América Latina, y sobre el uso de Internet en la política y la gestión chilenas.

Federico Beltramelli Magíster en Ciencia Política por la Universidad de la República (UdelaR)y doctorando en la Facultad de Periodismo y Comunicación de la Universidad Nacional de La Plata. Se desempeña como profesor Agregado del Sub-Programa Información de APEX y como profesor Adjunto Coordinador del Área Audiovisual de la Licenciatura en Comunicación de UdelaR. También es investigador del Programa de Desarrollo en Investigaciones de la Comunicación (PRODIC).

Jorge Bossio Magíster en Administración de Empresas (ESAN) y Máster en Ciencias Políticas con especialización en Relaciones Internacionales en la Pontificia Universidad Católica del Perú (PUCP). Cuenta con amplia experiencia en tecnologías de la información y la comunicación para el desarrollo y para aplicaciones rurales. Fue miembro del organismo regulador de las telecomunicaciones del Perú (OSIPTEL), del Comité Nacional para la Sociedad de la Información y del Comité Administrador del Dominio de nivel superior geográfico (ccTLD), entre otros comités nacionales e internacionales relacionados con internet y las telecomunicaciones. Ha sido coordinador de DIRSI (Diálogo Regional sobre la Sociedad de la Información), investigador del Instituto de Estudios Peruanos y de la PUCP, donde ejerce la docencia. En la actualidad es editor del portal de información La Mula.

Raquel Escobar Tiene un Diploma Superior en Comunicación para el Desarrollo y Ciudad, de la Universidad Andina Simón Bolívar en Ecuador y otro en Comunicación y Sociedad Informacional de la Universidad Andina Simón Bolívar en Bolivia. Actualmente es directora de Sostenibilidad y Planificación del Centro Internacional de Estudios Superiores de Comunicación para América Latina (CIESPAL). Es docente de Planificación de la Comunicación e Investigación y de Comunicación en Salud en la Universidad Central del Ecuador y en la Pontificia Universidad Católica del Ecuador (PUCE), respectivamente.

Karel Novotný es coordinador de intercambio de conocimientos del programa Tecnologías estratégicas y desarrollo de la red de la Asociación para el Progeso de las Comunicaciones(APC-TEDR). Trabaja como director o participante en varios proyectos relacionados con web 2.0, acceso comunitario (de bajo costo) a las TIC, seguridad y privacidad en línea, entre otros. Karel es sociólogo y vive en Montevideo, Uruguay y en Praga, República Checa.

Bruce Girard Fundador y director de la Fundación Comunica. Ha publicado muchos trabajos acerca de numerosos aspectos de la comunicación, los derechos de la comunicación y la comunicación participativa. Entre sus libros se encuentran Radioapasionados; Global Media Governance (con Seán O Siochrú y Amy Mahan, 2002); Secreto a Voces: Radio, nuevas TIC e interactividad y Communicating in the Information Society. Girard estudió comunicación en la Universidad Carleton y en la Simon Fraser (Canadá) y fue investigador residente de la Universidad Tecnológica de Delft (Países Bajos). Es miembro de oficio del Consejo Ejecutivo de la Asociación Internacional de Estudios en Comunicación Social (IAMCR) y consultor de UNESCO, PNUD y FAO entre otras agencias internacionales.

Fabro Steibel Doctor en Estudios de Comunicación por la Universidad de Leeds, Reino Unido. Sus investigaciones enfocan la ciudadanía digital y las políticas regulatorias de los medios de comunicación. Actualmente realiza un post-doctorado en la Universidad Federal Fluminense de Brasil y dirige los Estudios de Comunicación en la Universidad Universo de Río de Janeiro (2011) Fue profesor visitante del departamento de Comunicación de la Universidad de California en San Diego, bajo la supervisión del Profesor Daniel Hallin (2009) y ha trabajado en proyectos de investigación sobre comunicación y regulación de medios financiados por el Parlamento Europeo, la Comisión Europea, el Gobierno de Brasil (Capes), el Instituto Reuters para el Periodismo de la Universidad de Oxford y la Agencia Europea de los Derechos Fundamentales. Entre sus principales publicaciones se encuentran un informe y dos capítulos de libros sobre los debates de líderes (en coautoría con los profesores Stephen Coleman y Jay Blumler, y un libro propio sobre regulación de la propaganda política en Brasil.